D1728026

HENNEF
STADT DER 100 DÖRFER

ZEHN WEGE, DIE STADT ZU ENTDECKEN

ISBN: 3-936256-26-8
ISBN: 978-3-936256-26-0
Edition Blattwelt, Niederhofen 2006

Herausgeber: Stadt Hennef – Der Bürgermeister

Gestaltung und Produktion
Martina Schiefen, Reinhard Zado

HENNEF
STADT DER 100 DÖRFER

ZEHN WEGE,
DIE
STADT
ZU
ENTDECKEN

EDITION
VERLAG

HERAUSGEBER
STADT HENNEF
DER BÜRGERMEISTER
2006

AUTOR
DOMINIQUE
MÜLLER-GROTE

Grete Schlegel, Aquarell, 35 x 50 cm

Es hat immer mal wieder Bücher über Hennef gegeben.
Ein Buch, das das moderne Hennef ebenso wie das historische abbildet
und noch dazu ein Art Reiseführer durch unsere Stadt ist,
hat es noch nicht gegeben.
Ich freue mich, dass ein solches Buch jetzt vorliegt.

Der Titel „Stadt der 100 Dörfer" spricht für sich.
In Hennef ist dieser Satz fast so etwas wie ein geflügeltes Wort.
Wer immer ihn sich ausgedacht hat:
Er ist die beste Beschreibung unserer Stadt, die man sich denken kann.
Dabei ist es gar nicht so lange her, dass Hennef tatsächlich ein Dorf war.
Hennef, wie wir es heute kennen, entstand überhaupt erst
bei der kommunalen Gebietsreform 1969 aus den Gemeinden Hennef,
Lauthausen und Uckerath.

Seitdem ist der Ort gewachsen wie kaum ein anderer in
Nordrhein-Westfalen. Und die Entwicklung geht weiter.
Optimal angebunden an die Wirtschaftsregionen Rhein-Ruhr und
Rhein-Main, bietet Hennef vielen Menschen ein ideales Zuhause
und vielen Firmen ein attraktives Umfeld.
Mit Burg und Stadt Blankenberg beherbergen wir außerdem
eine der schönsten Sehenswürdigkeiten der Region.
Die natürliche Lage entlang der Sieg vervollständigt das Bild.

Kurz: Hennef ist sehens- und lebenswert.
In diesem Sinne wünsche ich Ihnen viel Freude mit diesem Buch,
das den Facettenreichtum unserer Stadt
eindrucksvoll bebildert und beschreibt.

Klaus Pipke
Bürgermeister

„Lieber Herr Zado, Sie machen so schöne Bücher.
Machen Sie doch mal eins über Hennef!" So in etwa fiel ich Anfang 2006
telefonisch mit der Tür ins Haus. „Ja", hat er geantwortet,
„Hennef, hat was." Knapp ein Jahr später liegt viel Arbeit hinter
uns und das Buch in Ihren Händen.

Nun ist Zeit für Danksagungen. An erster Stelle hat Reinhard Zado
Dank verdient, der viel Zeit und Kreativität in dieses Buch gesteckt hat,
das unübersehbar seinen gestalterischen Stempel trägt.
Ein Dank geht auch an seine Mitarbeiterin Martina Schiefen,
die bei den Fotosafaris durch Hennef immer sehr geduldig mit uns war.
Unser gemeinsamer Dank gilt der Hennefer Stadtarchivarin
Gisela Rupprath, die einen großen Teil der historischen Fotos beigesteuert
und alle Texte auf die Korrektheit der geschichtlichen Daten hin geprüft hat.

Danken möchten wir auch Anne Peters, die geprüft hat, ob
die Routenvorschläge auch wirklich „gangbar" sind. Nicht zu vergessen
die vielen Korrekturleser, die dabei geholfen haben, die Tippfehler
zu eliminieren. Ich hoffe, sie haben alle gefunden ...

Ein besonderer Dank geht an den Bödinger Pfarrer Pater Bernhard
Biermann und den Kirchenvorstand Helmut Walterscheid für die
Möglichkeit, in Kirche und Pfarrbüro fotografieren zu können.

In der Tat: Hennef gibt eine ganze Menge her. Ehrlich gesagt, wäre
es nicht schwer gewesen, das Buch doppelt so dick werden zu lassen.
Themen und Fotos gäbe es genug. Aber mehr als 300 Fotos und über
50 Kapitel bieten ja eine ganze Menge Stoff zum Schmökern und Entdecken.

Viel Spaß wünscht Ihnen

Dominique Müller-Grote

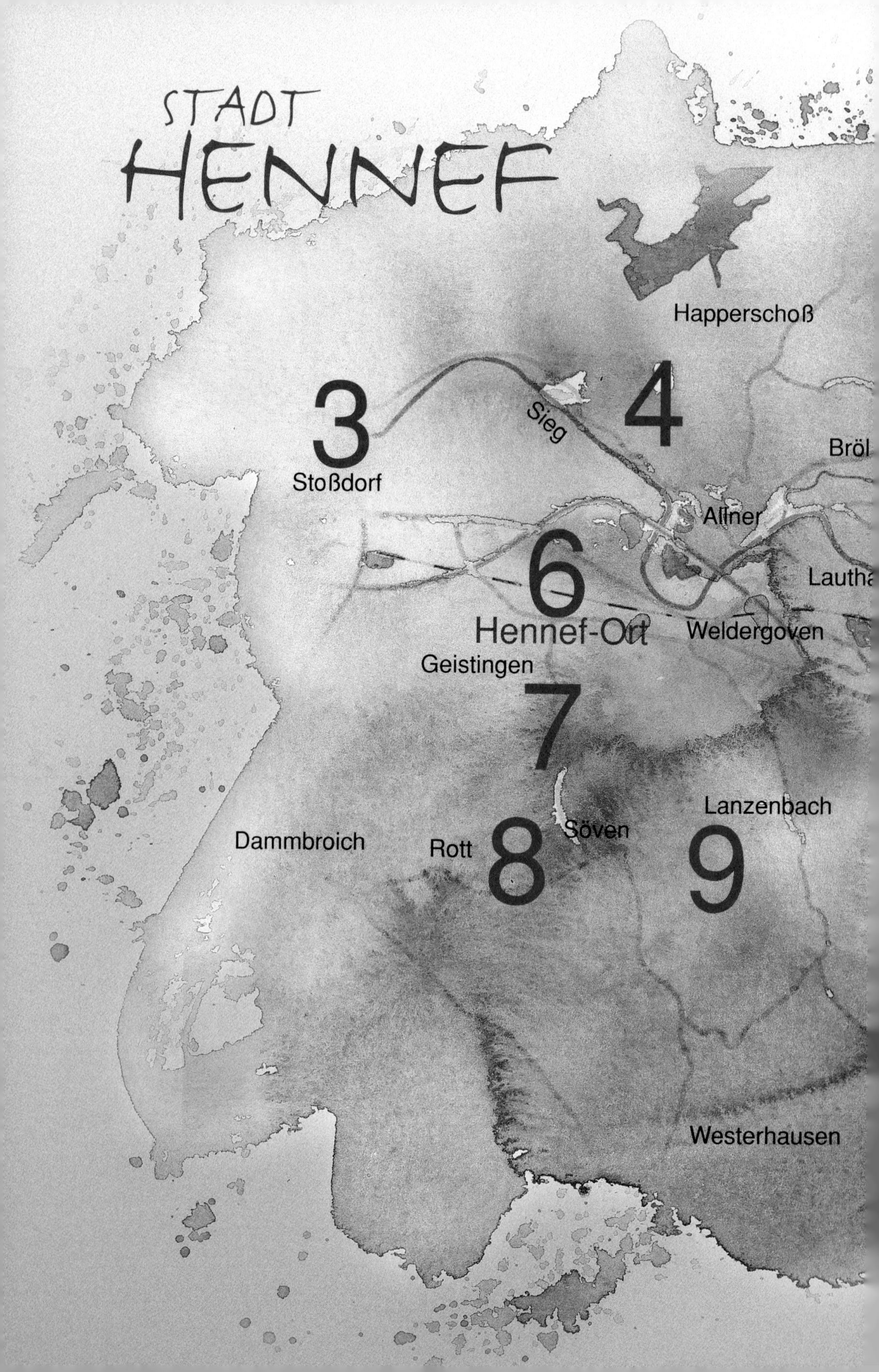

STADT HENNEF

Happerschoß

3

Sieg

4

Stoßdorf

Bröl

Allner

6

Lautha

Hennef-Ort

Weldergoven

Geistingen

7

Lanzenbach

Dammbroich

Rott

8

Söven

9

Westerhausen

5

ödingen

1

ankenberg

Süchterscheid

10

Uckerath

Der Ort Stein mit der Burg Blankenberg, ca. 1920

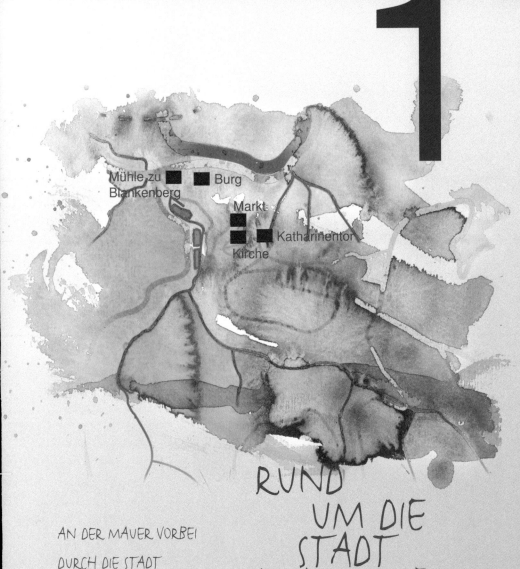

Mühle zu Blankenberg

Burg

Markt

Kirche

Katharinentor

RUND UM DIE STADT BLANKENBERG

AN DER MAUER VORBEI

DURCH DIE STADT

AUF DIE BURG

IN DIE WEINGÄRTEN

1000 JAHRE WEINBAU

PFARRKIRCHE ST. KATHARINA

SPAZIERGÄNGE

DURCH

EINE HISTORISCHE

KULTURLANDSCHAFT – TEIL I

RUND UM DIE STADT BLANKENBERG

SPAZIERGÄNGE DURCH EINE HISTORISCHE KULTURLANDSCHAFT – TEIL I

Burg und Stadt Blankenberg gehören zu den wichtigsten Touristenattraktionen im Rheinland und sind Teil der geplanten Denkmalbereichssatzung Historische Kulturlandschaft „Unteres Siegtal: Stadt Blankenberg und Bödingen". Die Burg selbst ist eines der am besten erhaltenen Beispiele einer hochmittelalterlichen Großburganlage im Rheinland, die Stadt eine der schönsten Fachwerksiedlungen weit und breit, von den stolzen Bewohnern liebevoll gepflegt, von Tausenden Gästen Jahr für Jahr besucht. Außerdem befindet sich südlich von Stadt Blankenberg ein ausgewiesener Weinwanderweg durch ehemalige Weinlagen.

Burg und Stadt Blankenberg nach einen Stahlstich von C. Hohe, 1851/52

Burg Blankenberg wird erstmals 1181 als „castrum quod Blankenburg dicitur" („Burg, die Blankenburg genannt wird") erwähnt. Die Brüder Graf Heinrich II. und Graf Everhard II. von Sayn haben sie als Stützpunkt ihres ausgedehnten Grundbesitzes errichtetet. Damals entstand auch die Altstadt, die heute nicht mehr zu erkennen ist: Spätestens seit 1644 ist sie verlassen und wird als „ungebauwet im grasgewachs gelegen" beschrieben. Gemeint ist die zwischen dem heutigen Ort und der Burg gelegene Wiese, von Stein kommend unmittelbar links vor dem Ortseingang. Was Besucher heute als den historischen Ort rund um den Marktplatz wahrnehmen, ist die Neustadt, die allerdings auch schon kurz nach Gründung der Burg entstanden sein dürfte. Die Stadtmauer ist mit ihren Toren bis heute nahezu vollständig erhalten.

1245 erhielt Blankenberg Stadtrechte, die sie bis in die französische Zeit zu Beginn des 19. Jahrhunderts behielt. 1953 wurde der Ort „Blankenberg" als Teil der Gemeinde Hennef in Erinnerung an einstige Freiheiten in „Stadt Blankenberg" umbenannt.

Katharinentorturm um 1900 und das so genannte Runenhaus um 1930, heute restauriert und als Kindergarten genutzt

Burg Blankenberg um 1930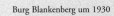

Aufgrund von Lage und Struktur ergeben sich mehrere mögliche Rundgänge, die man allesamt am besten auf dem Parkplatz vor dem Katharinenturm beginnt. Dieser Turm, Markenzeichen der Stadt, erhielt um 1400 seine heutige Gestalt, ist das Haupttor der Stadt und beherbergt seit 1936 das Turmmuseum. Schon an dieser Stelle ergeben sich für den Wanderer zwei Möglichkeiten: durch die Stadt hindurch oder um die Stadt herum.

Blick von Osten um 1900

Teil einer Hofanlage vor dem Katharinentorturm

Das ehrenamtlich betreute Museum im Katharinenturm informiert über die Geschichte des Ortes.
Geöffnet von April bis Oktober jeden Sonntag von 15 bis 17 Uhr.

AN DER
MAUER VORBEI

Rechts vom Turm führt ein gemütlicher Weg
außen an der Stadtmauer vorbei, an dessen
Ende man wieder vor dem Katharinenturm
ankommt. Bei normalem Tempo ist dieser
Rundgang in gut einer Viertelstunde zu be-
wältigen. Nach rund 170 Metern entlang der
Ostmauer und einer Biegung passiert man

rechter Hand einen Dreiviertel- und einen
Halbrundturm. Sie liegen an der Nordmau-
er, die einst Alt- und Neustadt voneinander
trennte. Nach weiteren 100 Metern und
einem Rechtsknick gelangt man zum Grabenturm, dem ehemaligen Torturm der Altstadt.
Zwischen dem Dreiviertel- und dem Halbrundturm befand sich früher zur Neustadt
hin das so genannte „Judenhöfchen", Wohn-

platz der Blankenberger Juden. Gegenüber
dem Grabenturm auf der anderen Straßenseite geht es durch das so genannte „Kölner
Tor" an der westlichen Mauer weiter bis zur
gut 250 Meter entfernten „Wechselporz", 1644
erstmals erwähnt, und dann weitere 250
Meter vorbei an einem der am besten erhaltenen Teilstücke der alten Stadtbefestigung.
Dort befinden sich auch der Zwinger und

ein rechteckiger Halbturm, von dem aus man eine schöne Aussicht auf einen nach Süden gerichteten Weingarten direkt unterhalb der Stadtmauer hat, der 1985 von einem Privatmann in Erinnerung an die einstige Weinbautradition angelegt wurde. Nach einem weiteren kurzen Wegstück gelangt man über eine Treppe zurück zum Katharinenturm.

Blick in die Graf-Heinrich-Straße und auf das Runenhaus (Bildmitte)

DURCH
DIE STADT

Wenn man den Weg rund um die Mauer scheut und stattdessen lieber die malerische Atmosphäre der Neustadt genießen möchte, geht man vom Parkplatz aus durch das Katharinentor in den Ort hinein. Direkt links an der Ecke Katharinenstraße und Graf-Heinrich-Straße befindet sich das Café „Zum alten Turm" im wohl ältesten Haus der Stadt aus der Zeit um 1600.

Folgt man der Katharinenstraße, gelangt man nach einigen Metern auf den Marktplatz, an dessen höchster Stelle einst das Schumachersche Haus stand, herzogliches Haus und Rathaus, 1903 ersetzt durch ein Schulgebäude. Der idyllisch daneben gelegene Durchgang zur Kirche wird „Halle" genannt und bietet von der Marktseite einen schönen Blick auf die Pfarrkirche St. Katharina und von der Kirchenseite einen eben so reizvollen Blick auf den Ort und das 1735 erbaute Haus an der Mechthildisstraße 16, heute das Restaurant „Haus Sonnenschein". Der Kirchhof beherbergte im 13. Jahrhundert ein Kloster der Zisterzienserinnen mit der damals schon der Heiligen Katharina geweihten einschiffigen Saalkirche. Die Nonnen siedelten schon zwischen 1259 und 1265 nach Zissendorf – gehört heute zu Stoßdorf – ins Siegtal um.

Folgt man am „Haus Sonnenschein" nicht der Mechthildisstraße Richtung Burganlage, sondern biegt in die Renteigasse ein, findet man an der dortigen Ecke zur Graf-Heinrich-Straße linker Hand das so genannte „Runenhaus", benannt nach der Anordnung der Fachwerkbalken, in denen man früher Elemente der germanischen Runenschrift zu erkennen glaubte. Das Haus wurde um 1740 auf den Fundamenten eines älteren Hauses errichtet und beherbergt heute einen Kindergarten. An der Graf-Heinrich-Straße befindet sich im Keller des Runenhauses eine kleine Ausstellung zum Weinbau in Stadt Blankenberg, zu besichtigen wie das Turmmuseum von April bis Oktober sonntags von 15 bis 17 Uhr.

Dem Verlauf der Graf-Heinrich-Straße folgend gelangt man nach einer Linksbiegung und gut 170 Metern wieder auf die Mechthildisstraße und steht gegenüber dem Café Krey, das bis 1903 die alte Schule war. Von der Caféterrasse aus bietet sich ein herrlicher Blick

Blick vom Marktplatz auf den Grabenturm

über das Siegtal bis Siegburg und bei guter Sicht sogar bis Köln. An diesem Punkt angekommen, kann man zurück in Richtung Marktplatz und Katharinentor gehen oder weiter zur Burganlage.

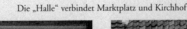

Die „Halle" verbindet Marktplatz und Kirchhof

AUF DIE BURG

An Grabenturm und Altstadt vorbei gelangt man zu einem Wanderparkplatz mit Blick auf die Vorburg, die bis heute in Privatbesitz und nicht zu besichtigen ist. Linker Hand führt ein Weg um die Vorburg herum und nach wenigen Metern hat man einen prächtigen Blick auf die Hauptburg, aus deren Mitte der Bergfried als höchste Erhebung ragt. Die Hauptburg ist Eigentum der Stadt Hennef, das Haus neben dem Zugang zur Burganlage ebenfalls: hier lebt der Burgwärter. In früheren Zeiten überspannte eine Zugbrücke den Graben zwischen Vor- und Hauptburg. Die einstigen Verwaltungs- und Wohnräume der Burganlage sind nicht mehr zu erkennen. Lediglich die Außenmauern stehen noch, wenngleich sehr lädiert. Bis in die Zeit des Dreißigjährigen Krieges hinein war die Burg intakt, dann wurde sie belagert, von Schweden besetzt und schließlich zerstört. In den letzten Jahren wurde der Zustand gesichert und die Ruinen weitestgehend restauriert, im Sommer 2006 konnte der Abschluss dieser Maßnahmen gefeiert werden.

Großes Bild: Der Blick auf die Burg von Adscheid

Burg Blankenberg aus verschiedenen Perspektiven

Der Bergfried ist zum Besteigen nicht frei-
gegeben, vom südlich gelegenen St.-Georgs-
Turm jedoch hat man einen schönen Rund-
umblick ins Ahrenbachtal und ins Siegtal.
Der Turm steht an der Stelle einer früheren
Befestigungsanlage, die angesichts aufkom-
mender Feuerwaffen nicht mehr den An-
sprüchen der Verteidigung genügte, und wurde
wohl nach 1450 errichtet.

IN DIE WEINGÄRTEN

Alternativ oder zusätzlich zu den beschriebenen Rundgängen kann man sich auch auf die Spuren des Weinbaus rund um Stadt Blankenberg machen. Man folge einfach den durch eine Weintraube gekennzeichneten Wegen. Start ist am Weinkeller des Runenhauses, für den Weg benötigt man rund zwei Stunden.

Der Weg führt durch das Katharinentor hinaus aus der Neustadt, rechts herum an einer 200 Jahre alten Weinpresse vorbei in die Straße Scheurengarten mit dem 1985 angelegten privaten Weingarten – hier wird Müller-Thurgau angebaut – und weiter in die schlicht „Hof" genannte Straße oberhalb der alten Weinlage Sengelhardt. Von hier aus bietet sich eine schöne Aussicht in das Ahrenbach-Adscheider Tal mit der Gehöftgruppe Ahrenbach.

Man gelangt nach rund einem Kilometer an die Eitorfer Straße und folgt dieser etwa 170 Meter in Richtung Süchterscheid, bis es rechts durch die alte Weinlage Im Mosental hinunter ins Ahrenbach-Adscheider Tal geht. Unterhalb der Sengelhardt folgt man dem Verlauf des Ahrenbaches, überquert am Standort der untergegangenen Ölmühle den kleinen Bach und gelangt nach rund zwei Kilometern auf die Steiner Straße, der man bis hinunter nach Stein folgt.

Dort liegt das herzogliche Kelterhaus, direkt an der Siegtalstraße und an der Mühle zu Stein. Das mächtige Bruchsteingebäude mit Fachwerkgiebeln wurde 1768 an dieser Stelle errichtet und stand ursprünglich seit 1683 anstelle eines älteren baufälligen Gebäudes an der rechten Siegseite. Die daneben liegende Mühle wurde 1442 erstmals erwähnt und ist heute ein Restaurant, durch dessen Biergarten der Ahrenbach fließt.

Über die Brücke und die Straße Steinermühle kommt man zurück nach Stadt Blankenberg. Am besten zweigt man rund 230 Metern nach der Brücke links in den Wanderweg ab, der durch den Burgweinberg empor zur Burganlage führt, die sich von hier aus besonders imposant ausmacht.

Herzogliches Kelterhaus von 1768

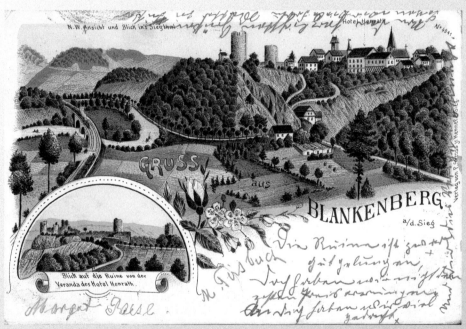

Postkarte um 1900

Für welchen Rundgang auch immer man sich entscheidet oder ob man die Vorschläge miteinander kombiniert: Es zeigt sich, dass die Reise nach Stadt Blankenberg eine Reise in die Vergangenheit ist und der Höhepunkt einer Tour nach Hennef sein kann. Burganlage, Fachwerk und Weinbau, das Ganze auf einer malerischen Anhöhe, die einen Blick in alle Himmelsrichtungen erlaubt – wahrlich ein lohnendes Ziel.

Das fand auch schon der romantisch-überschwängliche Reiseschriftsteller August Horn, der 1854 von der „gewaltigen Wucht" der Burgruine schwärmte, die Stadt allerdings auf dem Tiefpunkt ihrer Geschichte erlebte: „Ein Blick durch die Schloßtrümmer hindurch auf die gleich hohe Stadt hinüber liefert ein wahrhaft großartiges Bild der Zerstörung." Ein Glück, dass sich die Zeiten ändern.

1000 JAHRE WEINBAU

Gut muss er gewesen sein, der Hennefer Wein. Immerhin sollen sogar die Siegburger Mönche dem guten Tropfen von der Weingartsgasse den Vorzug vor ihrem eigenen, an den Hängen des Abteiberges angebauten Wein gegeben haben. Dass in unserer Region Wein in großem Stil angebaut wurde, ist mittlerweile hinreichend bekannt. An den Südhängen entlang der Sieg von Weingartsgasse bis Auel und hinauf nach Bödingen (Sieberling) und Altenbödingen, im Bröltal, in der Geisbach und vor allem rund um Blankenberg. Zahlreiche Urkunden und andere Dokumente, außerdem Flur-, Straßen- und Hofnamen – Wingenshof, Wingert, Am Weinberg – lassen keinen Zweifel aufkommen, dass Weinbau über Jahrhunderte ein wichtiger Wirtschaftszweig war.

Schon die Urkunde, die im Jahre 885 erstmals die Existenz Geistingens belegt, beweist, dass Weinbau betrieben wird: Abt Heinrich von Geistingen überlässt darin ein Viertel des Königsgutes Geistingen und zugehörige Weinberge dem Stift St. Cassius und Florentius in Bonn. Die Weinberge mögen im heutigen Weingartsgasse gewesen sein, allerdings heißt auch die Anhöhe oberhalb von Geistingen bis heute Weingartsberg.

Rund um Stadt Blankenberg sind die Belege über Weingärten besonders zahlreich. Das Stadt- und Burgbanngesetz von 1676 nennt als besonders schützenswert unter anderem die Weingärten.

Postkarten um 1900

Ein früher, sehr ergiebiger und lange bewirtschafteter Weingarten bestand an der „Sengelhart" oberhalb des Ahrenbaches und unterhalb der heutigen neuen Stadt Blankenberg: Diese Parzelle wird erstmals 1376 urkundlich erwähnt und wurde erst Anfang des 20. Jahrhunderts aufgegeben. Auf der anderen Seite des Ortes, nördlich der Attenberger Straße, befand sich mit dem Talberg eine weitere bekannte Weinlage. Um 1800 bewirtschafteten Blankenberger Winzer rund 67 Morgen Weinberge.

Vor allem rote, aber auch weiße Trauben wurden angebaut. Glaubt man den Überlieferungen, war der Wein sauer. Man unterschied früher nur zwischen neuem und altem Wein, also zwischen Wein aus der letzten

Lese und dem aus den Vorjahren. Komplizierte Qualitätsbestimmungen kannte man nicht, ein Wein schmeckte oder er schmeckte nicht, allenfalls sprach man von gutem, schlechtem, tugendhaftem oder bestem Wein. Der Blankenberger Wein gehörte offensichtlich zum besten, immerhin lieferte man ihn lange an den bergisch-herzoglichen Hof nach Düsseldorf, der am Fuß des Blankenberger Burgbergs ein eigenes Kelterhaus betrieb und strenge Transportrichtlinien aufstellte.

Mitte des 19. Jahrhunderts ging der Weinbau immer mehr zurück. 1887 wurden rund um Blankenberg noch 33 Morgen Weingärten bewirtschaftet, kurz nach 1900 kam der Weinbau ganz zum Erliegen.

Herzogliches Kelterhaus in Stein

Veränderte Lebensgewohnheiten, zunehmende Industrialisierung, der steigende Import guter und billigerer Weine aus Spanien und Frankreich und schließlich eine Schädlingsplage, bei der innerhalb von wenigen Jahren Reblaus und Sauerwurm ganze Weinparzellen vernichteten, führten zum Ende einer über tausendjährigen Tradition. Alte Weinlagen verbuschten, in anderen entstanden Streuobstwiesen, deren Ertrag eine wirtschaftliche Alternative dargestellt haben mag.

Prägend für weite Teile der Hennefer Landschaft sind demnach heute nicht mehr Weinberge, wenngleich man die Hänge und Terrassen, an denen die Reben einst wuchsen, hier und da noch gut erkennen kann. Prägend sind vielmehr die Streuobstwiesen, von denen es über 80.000 Quadratmeter gibt.

Ganz anders stellte sich das noch 1854 für August Horn dar, den Autor des Reiseführers „Das Siegthal", der anlässlich seines Besuches in

Bödingen vom Bürgermeister in dessen „niedlichen Pavillon" auf ein Gläschen Wein eingeladen wurde. Der Pavillon steht bis heute an der Spitze des Sieberlings über der Sieg und bietet einen prachtvollen Ausblick auf das Siegtal und die gegenüberliegende Burg Blankenberg. Zu Horns Zeiten stand der Besucher dort inmitten des „bürgermeisterlichen Weinberges, der sich rings um den Berg bis ins Thal hinabzieht". Wein von hoher Güte werde hier hergestellt, bemerkt Horn. Denn immerhin seien noch 1846 an die 100 Ohm dieses Weines (ein Ohm waren rund 137 Liter!) an ein „namhaftes Kölner Hotel" geliefert worden.

PFARRKIRCHE ST. KATHARINA

Wer war die Heilige Katharina, der die Stadt Blankenberger Kirche geweiht ist? Sie gilt als einer der Vierzehn Nothelfer, der Schutzpatrone von Notleidenden. Ihr wird heilende Kraft bei Leiden der Zunge und bei Sprachschwierigkeiten zugeschrieben. Der Legende nach lebte die Heilige Katharina von Alexandrien im 3. oder 4. Jahrhundert. Sie sei, so heißt es, dem römische Kaiser Maxentius entgegengetreten, als dieser Christen zum Märtyrertod verurteilt hatte, und habe ihn gefragt, weshalb er nicht zum Christentum übertrete, anstatt von Christen Götzendienste zu verlangen. Da sie behauptete, die besseren Argumente für ihre als er für seine Religion zu haben, kam es zu einer öffentlichen Diskussion mit 50 Philosophen und Gelehrten, in der sie alle zum Christentum bekehrte. Der Kaiser schickte alle fünfzig auf den Scheiterhaufen, bot Katharina, beeindruckt von ihrer Schönheit, jedoch an, als Königin an seiner Seite zu herrschen. Sie lehnte ab, wurde gefoltert und eingekerkert. In der Kerkerhaft ereilte sie wundersame Hilfe: Engel hätten ihre Wunden gesalbt, eine weiße Taube habe ihr Nahrung gebracht, Jesus selbst sei ihr erschienen und habe sie im Glauben bestärkt. Als sie schließlich enthauptet wurde, sei anstatt Blut Milch aus ihren Wunden geflossen. Engel hätten ihre sterblichen Überreste zum Berg Sinai gebracht. Als man 500 Jahre später ihre Gebeine dort fand, bauten Mönche ihr zu Ehren das Katharinenkloster. Vom Mittelalter an bis heute ist sie eine der beliebtesten Heiligen der katholischen Kirche.

Die der Heiligen Katharina geweihte Blankenberger Kirche wurde 1247 errichtet, ein Jahr nach der Stiftung eines Nonnen-Klosters durch Gräfin Mechthild von Sayn.

Die einschiffige Saalkirche ist in wesentlichen Bestandteilen im Gründungsoriginal erhalten, der Taufstein stammt ebenfalls aus dem 13. Jahrhundert, die wertvollen Fresken aus dem Jahr 1265, an der südlichen Langhauswand sieht man das Schlussbild einer verloren Darstellung der Katharinenlegende aus dem 13. Jahrhundert: Zwei Engel bringen den Leichnam der Heiligen in ihr Felsengrab auf dem Berg Sinai. Die übrigen Szenen der Legende stammen aus dem 15. Jahrhundert.

Am 20. Februar 1983 wurde die Kirche Opfer eines Brandstifters. Die Kirche wurde fast vollständig zerstört, Dach und Turm wurden vernichtet und stürzten ein, selbst die mittelalterlichen Glocken wurden ein Raub der Flammen. Der Wiederaufbau ging schnell voran, bereits im Herbst 1983 wurde der Dachstuhl wieder errichtet, bis Ende 1984 hatte die Kirche wieder Dach und Turm, 1985 folgten Verschieferung und Anstrich und am Ende desselben Jahres die Glocken. Weihnachten 1985 konnten die Blankenberger den Gottesdienst schon wieder in ihrer Kirche feiern.

Blick von der Burg Blankenberg ins Siegtal und auf den Ort Stein, um 1940

ALTEN-
BÖDINGEN

BÖDINGEN

Sieg LAUT-
HAUSEN

Dondorfer See

OBERAUEL

HAUS
ATTENBACH

RUND UM BÖDINGEN

FREIHERR UND EREMIT

WALLFAHRTEN IN BÖDINGEN

DAS FUNDATIONSBILD

GEMEINDE LAUTHAUSEN

NATURSCHUTZGEBIET DONDORFER SEE

SPAZIERÄNGE
DURCH EINE
HISTORISCHE
KULTURLANDSCHAFT – TEIL II

RUND UM BÖDINGEN

SPAZIERGÄNGE DURCH EINE HISTORISCHE KULTURLANDSCHAFT TEIL II

Denkmalbereichssatzung Historische Kulturlandschaft „Unteres Siegtal: Stadt Blankenberg und Bödingen" – so lautet der offizielle
Titel dieses Areals. Zurzeit ist die Denkmalbereichssatzung, ein NRW-Pilotprojekt, in
Arbeit. Ob nun eine „Satzung" daraus wird
oder nicht, das ändert nichts daran, dass es
sich hierbei um eine „historische Kulturlandschaft" handelt, die es wert ist, durchwandert
zu werden. Im letzten Kapitel haben wir uns
Stadt Blankenberg zugewand, in diesem
Folgenden geht es vor allem um Bödingen.

Wir starten unsere Tour am Haus Attenbach. Nahebei finden wir den Bahnhof Blankenberg und einen Parkplatz, so dass die Anreise wahlweise mit dem Auto oder der S-Bahn-Linie 12 erfolgen kann. Der ursprüngliche Rittersitz Attenbach wird erstmals 1126 im Stiftungsbrief des Klosters Nonnenwerth erwähnt. 1545 heiratet Maria, Tochter des Arnold von Vünfzahl zu Attenbach, Wilhelm von Gevertzhagen und errichtet mit ihm gemeinsam das Wohnhaus des Rittersitzes. Nach diversen Besitzerwechseln ist Haus Attenbach heute ein landwirtschaftlicher Betrieb. Man baut Getreide, Zuckerrüben und Mais an und betreibt Milchviehhaltung, Jungviehaufzucht und Rindermast.

Wir folgen der K36 über die Sieg. Von der Brücke aus hat man einen schönen Blick hoch nach Bödingen auf der einen, hoch zur Burg Blankenberg auf der anderen Seite und links und rechts in die Siegaue … wir befinden uns im Herzen der Kulturlandschaft. Am Ortseingang von Oberauel biegen wir rechts in die Halberger Straße ein und gehen gleich wieder links in die Straße Im Lindenhof, die nach rund 250 Metern in einen Wanderweg übergeht. Wir spazieren hier auf einem der vielen alten Wallfahrtswege rund um Bödingen und erreichen nach etwa einem halben Kilometer die Oberaueler Straße, der wir links in Richtung Bödingen folgen.

An der folgenden Kreuzung gehen wir links und machen zunächst einen großen Bogen um Bödingen. Einem teils asphaltierten Feldweg folgend, bewegen wir uns durch die Gemarkung Sieberling, bis fast an die Hangkante, wo wir auf einen Pavillon aus dem 19. Jahrhundert stoßen und am Rand längst nicht mehr genutzter Weinhänge stehen. Der Ausblick von dieser Stelle ins Siegtal bis weit ins Land hinein ist einer der schönsten aller Touren. Von hier hat man auch eine besonders gute Sicht auf Burg und Stadt Blankenberg.

Der Weg macht hier einen Bogen und stößt nach wenigen Metern auf die Straße Zum Silberling, über die wir wieder zurück in den Ort kommen. Am Ende der Straße biegen wir links in einen kleinen Weg ein, der nach 50 Metern im Stationsweg mündet, einem anderen alten Prozes-

sionsweg, der von Lauthausen zur Bödinger Wallfahrtskirche führt. Am Weg: sieben Kreuzwegstationen.

Weiter geht es auf dem Stationsweg bis hinauf zu Kirche und altem Friedhof. Der Friedhof verfügt über eine außergewöhnliche Sammlung von Grabkreuzen vom 17. Jahrhundert bis heute.

Rund um die Kirche sehen wir die alte, sehr gut renovierte Klosteranlage. An der Klostermauer und schönen Fachwerkhäusern entlang gehen wir in Richtung der Straße Auf dem Driesch, die auf Höhe eines Wanderparkplatzes in einem fast unscheinbaren Waldweg mündet: die so genannte Nutscheider Höhenstrasse oder einfach die Nutscheid, einst jahrhundertelang bedeutende Handelsroute zwischen Siegen und dem Rheinland, seit dem Bau der Siegtaleisenbahn bedeutungslos.

Tipp: Wenn wir der Nutscheid rund 400 Meter folgen, sehen wir den Stockumer Grengel, eine mittelalterliche Höhensperre, die als Grenze zwischen zwei Zollbezirken diente. Die Höhensperre ist als Aufwallung beidseitig des Weges erkennbar. Solche Höhensperren oder Landwehre wurden von spätmittelalterlicher Zeit bis in die frühe Neuzeit angelegt. Der Stockumer Grengel ist ein eingetragenes Bodendenkmal.Unsere Route führt allerdings nicht über die Nutscheid,

sondern am Wanderparkplatz in den Rotlandsweg, einen alten Hohlweg, früher ein wichtiger Zubringer zur Nutscheid. Nach knapp einem halben Kilometer stoßen wir auf den Halberger Bach und das Becken eines alten Mühlenteiches. Sowohl Mühle als auch Teich sind nicht mehr vorhanden, zu sehen ist aber noch der Mühlendamm, die alte Staumauer des Mühlenteiches, heute Verbindungsweg nach Oberhalberg.

Auf Höhe des Mühlendammes gehen wir in Richtung Süden und folgen bis ins Tal hinunter dem Wanderweg parallel zum Halberger Bach. Nach 200 Metern sehen wir links in der Wiese liegend das Marienbrünnchen, eine Wasserquelle, die der Legende zufolge unter dem Altar der Wallfahrtskirche in Bödingen entspringen und heilkräftiges Wasser spenden soll. Neben dem Brunnenschacht ist auch das Pumpenhaus von 1923 erhalten, das zeitweise der Wasserversorgung von Bödingen diente.

Nach rund eineinhalb Kilometern kommen wir wieder nach Oberauel und in die Straße Am Bachgarten. Sehenswert hier ein Fachwerkgebäude der ehemaligen Mühle des Klosters Bödingen an der Ecke Am Bachgarten und Halberger Strasse, heute privates Wohnhaus und nur von außen zu besichtigen, und die 1735 errichtete Kapelle St. Antonius von Padua mit ihrem sehr schönen Barockaltar kurz vor der Einmündung zurück in die K 36. Wenige Schritte weiter und wir sind wieder auf der Siegbrücke und am Ausgangspunkt Haus Attenbach.

Eingang zur Kapelle St. Antonius von Padua in Oberauel

Die alte Mühle in Oberauel

FREIHERR
UND EREMIT

August Horn, Verfasser eines frühen Reiseführers über „Das Siegtal" (1854) erwähnt
ihn nur am Rande als kurzfristigen Besitzer
des alten Rittersitzes Haus Attenbach: Karl
Theodor Maria Hubert Freiherr von Hall-
berg-Broich, genannt „Eremit von Gauting", seines Zeichens europaweit bekanntes
Original, Soldat, Schriftsteller, Weltreisen-
der, unberechenbar, größenwahnsinnig und
skrupellos. Karl August Varnhagen von Ense
notiert am 22. Juni 1840 in seinem Tage-
buch, er habe „Freiherr von Hallberg" ge-
troffen, „mit langem weißen Bart, Ordens-
sternen, alter Sonderling, geckenhaft, widrig
anzusehen."

Und der Autor des Artikels über Hallberg in
der „Allgemeine Deutsche Biographie" von
1879 schreibt: „Sein Stil ist geschmacklos und
verschroben, ungeheuerlich und grob." Wer
war dieser Kurzzeiteigner von Haus Attenbach?

Freiherr von Hallberg erblickt 1768 auf
Schloss Broich bei Duisburg das Licht der
Welt, geht in Köln zur Schule und sucht
schon im Alter von zehn Jahren das Weite:
Er heuert auf einem Rheinschiff an, flüchtet nach England, landet schließlich als Ma-
trose in Triest und kurz darauf als Kadet-
tenschüler in Wien.

Mit 15 tritt er als Leutnant in Jülich in Dienst des Kurfürsten. 1793 stirbt sein Vater, Hallberg bezieht das Familienschloss und sucht bald wieder die Ferne: England, Schweden, Norwegen, Russland, Konstantinopel, Syrien, Griechenland, Sizilien, Tunis, Spanien. Im Jahre 1800 macht er eine kurze Pause und heiratet Caroline Freie von und zu Olne. Ein von Napoleon ausgeschicktes Kommando verdirbt die Flitterwochen, indem es Hallberg nach Frankreich verschleppt. Der Vorwurf: Er habe mit einer verkleideten Räuberbande französische Beamte überfallen und ermordet. Caroline folgt ihm, wirft sich Napoleon zu Füßen und erreicht die

Begnadigung ihres Mannes, was ihn nicht daran hindert, sie die ganze Ehe hindurch zu quälen und zu beleidigen. 1832 verlangt er gar, sie möge ihre Liebe durch einen Sprung aus dem Fenster beweisen. Sie springt und stirbt.

Nach der Napoleon-Episode versucht Hallberg sich an Frankreich zu rächen und mit 6.000 Soldaten, die ihm der Bey von Tunis geliehen hat, in Italien einzufallen. Noch bevor er in Italien landen kann, schnappen ihn die Engländer, schleppen ihn nach London und sperren ihn für sechs Monate in den Kerker, weil er angeblich ein französischer Spion sei.

Haus Attenbach ca. 1960,
von der Siegaue aus gesehen

1814 setzt Hallberg seinen Feldzug gegen die Franzosen fort, organisiert mit 30.000 Soldaten einen Landsturm, überquert bei Koblenz den Rhein, nennt sich „Feldobersthauptmann", beteiligt sich an der Befestigung der Stadt Köln, versorgt die russischen Truppen mit Lebensmitteln, wird zum „General-Marsch-Commissair der russischen kaiserlichen Truppen" ernannt und schließlich 1815 Leiter der Generalpolizei aller Armeen in Paris. Er hofft, als Belohnung für seine patriotischen Dienste gegen Frankreich Herzog von Berg oder Jülich werden zu können. Als das nicht geschieht, schreibt er die Satire „Das politische Kochbuch" und provoziert einen Haftbefehl, vor dem er 1817 nach Schweden flüchtet.

In Stockholm plant er mit unzufriedenen Adeligen den Sturz des schwedischen Königs, um selbst den Thron zu besteigen. Er wird unter polizeiliche Aufsicht gestellt und ausgewiesen, geht nach Bayern und kauft das Schloss Fußberg bei Gauting. Die örtliche Bevölkerung verspottet ihn als „Eremit von Gauting", was ihn aber eher belustigt denn verärgert.

1824 kommt er auf die Idee, die Moore nahe München trocken zu legen. König Max von Bayern ist ganz begeistert und schenkt ihm Land und Geld, um seine Pläne zu verwirklichen. Neben diesem Projekt bleibt noch genug Zeit für ausgedehnte Fuß(!)reisen: 1823 bis 1825 marschiert er durch die

Haus Attenbach ca. 1960

Niederlande, 1835 durch Algerien, 1836 durch den Orient, 1839 durch England und Schottland, 1842 über Russland und Armenien bis nach Persien (wo er mit dem Sonnen- und Löwenorden des Schahs ausgezeichnet wird) und 1847 über Rom und den Orient bis nach Persien. Auch diese letzte Reise unternimmt der mittlerweile 69jährige zu Fuß. Über fast alle seine Reisen hat er Bücher geschrieben und veröffentlicht.

Am 17. April 1862, 30 Jahre nachdem seine Frau aus dem Fenster gesprungen war, stirbt er im für die damalige Zeit enormen Alter von 93 Jahren auf Schloss Hörmannsdorf bei Landshut. Die „Allgemeine Deutsche Biographie" schließt ihren Beitrag über Hallberg mit der Bemerkung, er habe „den Mangel einer gediegenen Jugendbildung vergeblich hinter barocken Einfällen zu bergen" versucht. Sein Einfall, Haus Attenbach zu renovieren zeitigte nur kurze Erfolge:

Nachdem er es verlassen hatte, verfiel es zusehends und lag lange Zeit einsam hinter Baum und Busch versteckt. Kein Wunder, dass sich bald wüste Gespenstergeschichten um das Haus rankten.

Professor Helmut Fischer erinnert an eine legendenhafte Episode, die sich dort kurz nach dem Wegzug Hallbergs zugetragen haben soll.

Ein mutiger Bauernbursche wollte die Sache mit den Gespenstern näher untersuchen und verbrachte eine Nacht in Attenbach. Punkt Mitternacht erschien das Gespenst in Gestalt einer mit Ketten klirrenden Kuh. Der Bauernbursche feuerte die Pistole ab, die er sich zu seinem Schutz mitgebracht hatte, und erlegte den vermeintlichen Geist mit einem Schuss. Wie sich herausstellte hatte er keineswegs ein Gespenst erschossen, sondern einen seiner Freunde, der sich nur einen Spaß hatte machen wollen.

WALLFAHRTEN IN BÖDINGEN

Wieder einmal eine Legende: Dem Jung-
gesellen Christian von Lauthausen, so be-
sagt die Geschichte, sei im April 1397 die
Jungfrau Maria mit dem vom Kreuz ge-
nommenen Jesus auf dem Schoß erschienen.
Er habe den Auftrag erhalten, in Köln eine
Darstellung der Maria schnitzen und das
Werk in Bödingen aufstellen zu lassen.

Blick von Altenbödingen auf Bödingen:
heute wie 1920 immer noch der gleiche

48

Er tat wie ihm geheißen und verehrte das Bild, indem er Tag und Nacht eine Kerze davor brennen ließ. Das Wunder der Erscheinung lockte bald mehr und mehr Menschen nach Bödingen. Ob es stimmt, weiß Christian von Lauthausen alleine. Fest steht jedoch, dass ein Christian einen Bilderstock aufstellen ließ, um den sich Menschen sammelten, die von seiner Wundertätigkeit überzeugt waren. Der Geistinger Pfarrer Peter Meisenbach erkannte das Potential, wie man heute prosaisch sagen würde, und betrieb ab 1397 den Bau einer Kirche.

1408 – die Ereignisse waren bis Rom vorgedrungen – war das Gotteshaus vollendet, 1411 erfolgte die Genehmigung von vier Priesterstellen durch den Papst, 1412 die kanonische Errichtung von Kirche und Priesterschaft. 1424 wurden Priestergemeinschaft und Kirche in ein Augustiner-Kloster umgewandelt. Waren die Lebensbedingungen der Mönche zu Beginn ärmlich, nahm der Klosterbesitz dennoch ständig zu. Mit dem Kauf von Höfen und Ländereien hatte schon Meisenbach begonnnen. Als das Kloster 1803 im Zuge der Säkularisation aufgehoben wurde, gehörten dem Kloster 16 Höfe, zahlreiche Grundstücke, Ländereien und mehrere Häuser. Zusammen mit Kirche und Kloster entstand auch der Ort Bödingen und das ursprüngliche Bödingen in unmittelbarer Nachbarschaft wurde zu Altenbödingen.

Chor und Querhaus der Wallfahrtskirche

Das Ziel der Wallfahrten von Menschen aus Nah und Fern war von Anfang an das Gnadenbild Marias. Man betete – und betet bis heute – vor dem Bild um Erlösung von seelischen und körperlichen Leiden. Die Klostergeschichte war immer verbunden mit zahlreichen Wunderzeichen und Gebetserhörungen. Das bis heute gefeierte Kompassionsfest – Fest der sieben Schmerzen Mariä, seit 1717 durch Papst Benedikt XIII. für die ganze Kirche verbindlich – wurde in Bödingen wie im ganzen Rheinland nach Anordnung des Kölner Erzbischofs bereits seit 1423 gefeiert: seit bald 600 Jahren am vierten Freitag nach Ostern. Ab 1803 ging die Bedeutung des Wallfahrtsortes Bödingen stetig zurück, umso mehr, nachdem das Kloster

aufgehoben und die Gebäude veräußert und anderweitig genutzt wurden. Dennoch finden bis heute Wallfahrten statt, seien es Gruppenfahrten oder persönliche Wallfahrten.

Nachbildung des Gnadenbildes über der Tür zum Kirchhof von 1756

Kloster

Eingang zur Kirche vom Klostergarten (s. u.)

Die Bedeutung von Kirche und Kloster wird angesichts des hervorragend renovierten Zustandes augenfällig. Direkt hinter dem Tor zum Kirchplatz befindet sich außerdem seit 1984 ein Denkmal, das die Gründungslegende darstellt.

Abgesehen davon ist die Bödinger Pfarrkirche „Zur schmerzhaften Mutter" durch ihre exponierte Lage von fast überall in Hennef gut zu erkennen und oftmals Orientierungspunkt und Wegweiser für Wanderer und Radfahrer.

DAS FUNDATIONSBILD

Einst befand sich das so genannte Fundationsbild in der Wallfahrtskirche, heute hängt es
im Büro des Pfarrers im Pfarrhaus. Es misst
2,70 mal 1,50 Meter und ist einer der bedeutendsten historischen Schätze Bödingens
und Hennefs. Das Bild wurde, wie der Text
neben dem knienden Mönch in der Bildmitte

sagt, 1621 nach einem älteren Vorbild im
Auftrag von Pater Balthasar Sollingen aus
Köln, 15. Prior des Bödinger Klosters, ange-
fertigt. Um 1803 wurde es im Zuge der Sä-
kularisierung des Klosters aus der Kirche entfernt.

Das Fundationsbild ist strukturiert wie ein
Flügelaltar und zeigt links die Gründungslegende des Klosters:

Christian von Lauthausen in Anbetung des Marienbildes. Das ganz Besondere an der Darstellung ist der Hintergrund. Er zeigt die Sieg, die Kirche des Klosters Merten, Haus Attenbach und auf dem Berg im Hintergrund Blankenberg. Es ist die älteste, bekannte Darstellung Blankenbergs. Am Horizont ist das Siebengebirge zu erkennen.

Der rechte Bildteil zeigt Pilger vor einer Kulisse bestehend aus Siegburg mit dem Michaelsberg, Bonn, Köln, dem Rhein und der Siegmündung. Der Mittelteil des Bildes schließlich gewährt einen Blick ins Mittelschiff der Bödinger Wallfahrtskirche. Man sieht den Chor mit dem Gnadenbild im Zentrum, mit Priestern und mit Gläubigen. Im Langhaus sind alle Personen zu sehen, die mit der Klostergründung 1424 mittelbar oder unmittelbar zu tun hatten: Papst Martin V., der Kölner Erzbischof Dietrich von Moers, der Siegburger Abt Wilhelm Spieß von Büllesbach, der Propst des Cassiusstifts Johannes Meiner (links von hinten nach vorne). Rechts stehen Kaiser Sigismund und die bergischen Herzöge Wilhelm, Adolf und Robert. Adolf von Berg hält die Bödinger Stiftsurkunde in der rechten Hand. Die Gründungs- oder Fundationsszene im Mittelteil zusammen mit der Darstellung der Gründungslegende gaben dem Bild seinen Namen.

Die Wallfahrtskirche „Zur schmerzhaften Mutter" ist nicht nur historisch bedeutsam, sondern nach wie vor Ziel von Pilger, wie man an den Votivtafeln (Bild mitte) sehen kann. Sehenswert: Das Wandgemälde — Ankündigung der Geburt Jesu durch den Heiligen Geist — aus der Mitte des 15. Jahrhunderts im nördlichen Teil des Querschiffes (Bild oben). Wichtigstes Element der Kirche ist und bleibt natürlich das Gnadenbild (Bild rechts) im Gnadenaltar von 1750: Maria hält den kindhaft kleinen Korpus des vom Kreuze abgenommenen Christus in den Armen.

Die spätgotische Kirche wurde von 1397 bis 1408 erbaut. Zwei der heute noch „aktiven" Glocken, dem Evangelisten Johannes und der Jungfrau Maria geweiht, tragen als Inschriften die Jahreszahlen 1397 und 1398. Sie gehören damit zur ältesten Ausstattung der Kirche. Das große Fenster im Chorraum (Bild rechts) zeigt den Gekreuzigten umgeben von den vier Evangelisten. Im Jahr 1508 schenkte Erzbischof Landgraf Hermann von Hessen das Fenster der Kirche.

Bödinger Ortskern
im Jahr 2006 ...

56

... und 1896

Friedhofsmauer in Bödingen

Gasthof Robert Quadt mit Saal und Kegelbahn, links um 1920, rechts das Gebäude im Jahr 2006

Bödinger Festplatz

Blick in die Kirchstraße

GEMEINDE LAUTHAUSEN

Man sagt, der Name Lauthausen sei im frühen Mittelalter als Zusammensetzung der Wörter „Ludo" und „Hausen" entstanden und habe soviel bedeutet wie „bei den Häusern des Ludo". Im Mittelalter war Lauthausen eine Honschaft, also eine kleine Verwaltungseinheit, und gehörte mit der Honschaft Bödingen zum Kirchspiel Eigen. Später wurde die Honschaft Bödingen mit der Honschaft Lauthausen vereinigt. 1806 teilten die Franzosen ihren Einflussbereich in Departements ein. Das Herzogtum Berg wurde mit Frankreich verbunden und zum Großherzogtum Berg erklärt. Der „Kanton Hennef" mit den Mairies (Bürgermeistereien) Uckerath, Lauthausen, Neunkirchen, Hennef und Oberpleis lag im Arrondissement Mühlheim, das sich im Departement

Rhein befand. Die Mairie Lauthausen wurde dabei aus Teilen der beiden Kirchspiele Eigen und Geistingen gebildet. Der Mairie wurden außerdem die alten Honschaften Altenbödingen, Braschoß (mit Kaldauen, Seligenthal und sechs weiteren Ortschaften) und Happerschoß zugeschlagen. Ab 1815 übernahmen die Preußen das Gebiet, Lauthausen bleibt Bürgermeisterei, Verwaltungssitz war Bödingen. Eine Volkszählung ergab, dass 1828 im Bereich der Bürgermeisterei Lauthausen 3.075 Einwohner lebten.

Im Wesentlichen blieb es über 100 Jahre bei dieser Gemeindestruktur. 1933 wurde der Verwaltungssitz nach Allner verlegt und 1955 wurde die Gemeinde Braschoß (außer Seligenthal) der Stadt Siegburg einverleibt.

Die Gemeinde Lauthausen bestand nun aus 19 Ortschaften: Altenbödingen, Allner, Berg, Bödingen, Bröl, Bröltal, Driesch, Halberg, Happerschoß, Heisterschoß, Klingeltal, Lauthausen, Münchshecke, Müschmühle, Niederhalberg, Oberauel, Oberhalberg, Oppelrath und Seligenthal. Zur gleichen Zeit baute die Gemeinde in Allner einen neuen Verwaltungssitz, der 1964 noch erweitert wurde. Das 1935 entwickelte Gemeindewappen stellt den Ortsnamen bildlich dar und zeigt oberhalb eines Hauses eine das Horn "laut" blasende Figur.

Das Jahr 1969 brachte eine grundlegende Veränderung in der Geschichte der Gemeinde: Zusammen mit den Gemeinden Hennef und Uckerath wurde Lauthausen zur Gemeinde Hennef vereinigt und verlor somit seine uralte Selbstständigkeit. Das Rathaus in Allner diente noch bis 1999 als Sitz des technischen Dezernates der Hennefer Gemeinde- und Stadtverwaltung.

Rathaus der Bürgermeisterei Lauthausen in Allner, 1999 abgerissen (Foto: 1956)

Pfingstbaum setzten, ca. 1965

Erntedankfestumzug 1936

NATURSCHUTZGEBIET DONDORFER SEE

Manch ein Wanderer hält den Dondorfer See für einen natürlichen See, der schon seit langer Zeit existiert. Das ist nicht ganz richtig und nicht ganz falsch. Er ist eine Mischung aus beidem – seit langem urwüchsiges Auengebiet, durch Menschenhand nahezu zerstört, und wiederum von Menschen zu dem gemacht, was er heute ist. Der Reihe nach…

Bis vor rund 160 Jahren befand sich an Stelle des heutigen Naturschutzgebietes Dondorfer See eine alte Flussschleife der Sieg. Im Zuge der Industrialisierung wurde das Gebiet durch den Eisenbahndamm um 1860 von der Sieg abgetrennt und teilweise trockengelegt. Ab Mitte der 70er Jahre des vergangenen Jahrhunderts bis 1990 begannen verschiedene Firmen an der Stelle des heutigen Sees mit umfangreichem Kiesabbau, wobei ausgebeutete Auskiesungsbereiche rekultiviert wurden und die so gewonnenen Wasserflächen gemäß einem Nutzungsplan von 1973 dem „ruhigen, nicht störenden Erholungsbetrieb mit kleinen Ruderbooten,

Schlauchbooten, Tretbooten und Segelboo-
ten mit starren Segeln" dienen sollten. 1982
wurde am Ostufer sogar ein Bootshaus errichtet. Bis 1989 wurde die Freizeitnutzung
immer intensiver, dann setzten sich die Na-
turschützer durch: Ab 1989 war das Surfen
nicht mehr gestattet. 1990 wurde der letzte
Kies abgebaut und der letzte Auskiesungsab-
schnitt rekultiviert. 1997 schließlich wurde
der See als Naturschutzgebiet ausgewiesen.

Das Naturschutzgebiet Dondorfer See ist
42,6 Hektar groß. Es zeigt die typische Bio-
topstruktur einer Auenlandschaft samt der
dazugehörigen Pflanzen und Tieren. Der See
ist als Nahrungs-, Rast- und Brutbiotop für
Wasservögel bedeutsam. Neben ungefähr 50
Brutvogelarten wie Haubentaucher oder Sumpf-
rohrsänger kommen auch zahlreiche Win-
tergäste und Durchzügler vor, darunter acht

verschiedene Entenarten, beispielsweise Tafel-
enten oder Schellenten. An den Flachufern
wachsen auch speziell an die unterschiedli-
chen Wasserstände angepasste Pflanzenarten, wie das Mauer-Gipskraut oder die
Nadel-Sumpfsimse. Insgesamt sind im
Naturschutzgebiet fast 100 Arten beheima-
tet, die aktuell in den Roten Listen der ge-
fährdeten Pflanzen und Tiere Nordrhein-West-
falens und Deutschlands verzeichnet sind.

Zum Schutz der Natur müssen Spaziergänger einige Verhaltensregeln beachten, insbesondere muss man sich leise verhalten, darf
Tiere nicht stören, beunruhigen oder gar
fangen. Blumen darf man nicht pflücken,
Hunde gehören an die Leine, am gesamten See
ist das Baden verboten. Kurz: Man darf hier
spazieren gehen. Und die einmalige Natur
beobachten und – bewundern.

Siegpromenade um 1910

3

WEINGARTSGASSE

ALLNER

BÖDINGEN

AUEL

BLANKENBERG

ENTLANG DER SIEG

VON BÜLGENAUEL NACH STOSSDORF

DIE SIEG

HÖFE AN DER SIEG

ENTLANG
DER SIEG
VON BÜLGENAUEL
NACH STOSSDORF

Die Sieg ist prägend für Hennef, mit ihren Auen eine erhaltenswerte und weitgehend unberührte Landschaft und überdies beliebtes Ziel für Wanderer und Radfahrer. Unsere Tour entlang der Sieg empfiehlt sich vor allem für einen Ausflug mit dem Fahrrad. Die Route ist simpel, dauert bei zügiger Fahrt dennoch rund zwei Stunden, entsprechend länger, wenn man bummelt oder zwischendurch Rast macht. Wir können am Bahnhof Merten (S-Bahn-Linie 12) knapp hinter der Ortsgrenze von Hennef auf Eitorfer Gebiet starten. Denkbar wäre auch, am Bahnhof Blankenberg (ebenfalls Linie 12) auszusteigen und eine verkürzte Route zu fahren. Eine andere Möglichkeit ist, die Route umgekehrt von Stoßdorf kommend siegaufwärts zu befahren und ab Blankenberg oder Merten die Heimreise anzutreten. In allen Fällen ist die S-Bahn-Linie 12 die richtige Wahl, es sei denn, man will hin und zurück mit dem Fahrrad fahren.

Der kleine Ort Auel hat seinen
dörflichen Charakter bis heute erhalten.
Fachwerkbauten in bestem Zustand
bestimmen das Ortsbild

Unsere Route startet der Einfachheit halber
am Bahnhof Merten. Wir halten uns westlich und nutzen zunächst den Weg auf der
nördlichen Seite der Sieg. Der komplette
Weg, den wir fahren, ist mit Radwander-
wegweisern ausgestattet und auch am „Siegtal Pur" Logo zu erkennen. Zunächst um-
kurven wir das am anderen Ufer liegende
Bülgenauel. Bei Auel kreuzen wir zwei Mal
die Bahnlinie – das erste Mal kurz hinter
der Eisenbahnbrücke. Im folgenden Oberauel sehen wir eine der vielen Hennefer Streuobstwiesen, ein echtes Argument dafür, diese
Tour während der Baumblüte Ende April,
Anfang Mai zu unternehmen. Im Übrigen
haben wir von hier einen grandiosen Blick
auf Burg Blankenberg.

Hinter Oberauel überqueren wir kurz vor Haus Attenbach die Sieg und biegen gleich rechts in den Wander- und Radweg ein, eigentlich ein reiner Wirtschaftsweg, der jedoch von Fahrradfahrern und Wanderern genutzt werden kann. Die Aussicht rechts hoch nach Bödingen auf die ehemaligen Weinhänge und heutigen Streuobstwiesen ist mehr als einen Blick wert. Weiter geht es zwischen Bahndamm und Sieg durch die Retentionsflächen der Sieg, die bei Hochwasser eine Seenplatte bilden. Je nach Wasserstand ist höchste Vorsicht geboten! Auf der anderen Seite des Bahndammes befindet sich das Naturschutzgebiet Dondorfer See, auf der anderen Seite der Sieg die Ortschaft Lauthausen und die dortigen Campingplätze.

Am Ende einer langen Geraden und um die Kurve herum geht es bald hinauf nach Weldergoven. Unterhalb der Straße Grafenbungert befindet sich ein Altarm der Sieg. Dem Siegdamm in Richtung Allner und der Beschilderung folgend, sehen wir am anderen Ufer der Sieg die Mündung der Bröl.

Bröltalstraße und Siegbrücke über- oder unterquerend (Blick auf Schloss Allner!) und kurz darauf unter der Autobahn hindurch sind wir bald auf der Siegpromenade im Zentrum Hennefs, an deren Anfang der Hanfbach in die Sieg mündet. Auf Höhe der Gaststätten „JaJa" und „Sowieso" – wo sich eine Rast im Biergarten anbietet – befindet sich der Horstmannsteg, über den man den Allner See erreicht. Rechts neben dem Horstmannsteg sehen wir einen 2007 renaturierten Altarm der Sieg.

Weiter geht es am Chronos-Gelände und der breiten Freitreppe vorbei in Richtung Kläranlage. Kurz hinter der Autobahn führt der Siegdamm durch eine erst kürzlich angelegte Lindenallee, gefolgt von einer alten Lindenallee und durch ein breites und weitgehend naturbelassenes Areal zwischen Sieg und Stoßdorf. Wer mag, macht einen Abstecher über die Hängebrücke nach Weingartsgasse in die bei Ausflüglern beliebte Gaststätte „Sieglinde".

Kurz hinter der Brücke passieren wir, der Obstbaumallee folgend, linker Hand das Versuchsgut für organischen Landbau „Wiesengut" der Universität Bonn. Weiter dem Siegdamm entlang, erreichen wir kurz vor der Stadtgrenze die Mündung des Wolfsbaches und sind am Ziel unserer Tour.

Siegpromenade kurz vor Weingartsgasse

Blick über die Sieg auf „St. Simon und Judas"

DIE SIEG

Laut Landeswassergesetz Nordrhein-Westfalen ist die Sieg von der Mündung bis zur NRW-Landesgrenze ein Gewässer 1. Ordnung. Das heißt: Für die Unterhaltung ist der Staat zuständig, in diesem Fall das Staatliche Umweltamt Köln. Soviel zum amtlichen Teil. Weitere Fakten: Die Sieg ist ein Mittelgebirgsgewässer mit einer Länge von rund 150 Kilometern. Sie entspringt im Rothaargebirge nahe der nordöstlichen Gemeindegrenze von Netphen. Ihre Quelle befindet sich am Rothaarsteig bei 603 Metern Höhe über Normal Null. Ab der Quelle fließt die Sieg rund 35 Kilometer durch NRW, ist dann etwa 40 Kilometer durch Rheinland-Pfalz unterwegs und erreicht wieder NRW, wo sie bis zur Mündung bei Niederkassel-Mondorf in den Rhein weitere 75 Kilometer zurücklegt. Die Sieg hat auf gesamter Länge zwischen Bergischem Land, Westerwald, Rothaargebirge und Rhein ein Einzugsgebiet von 2.832 Quadratkilometern. Davon liegen 2.190 Quadratkilometer in Nordrhein-Westfalen und 642 Quadratkilometer in Rheinland-Pfalz.

Hennef liegt am Ausgang des Siegtales – oder am Eingang, je nach Perspektive. Die Sieg schlängelt sich zwischen Bülgenauel und Stoßdorf auf einer Länge von 17 Kilometern in teilweise weit ausholenden Bögen durch ihr Bett. Hier und da kann man trocken gefallene Altarme erkennen. Viele kleinere Bäche und Flüsse münden auf Hennefer Gebiet in die Sieg, so der Hanfbach im Zentralort, die Bröl bei Allner-Müschmühle, der Steiner Bach bei Haus Attenbach oder der Wolfsbach: Der im Volksmund „Dürresbach" genannte Bach entspringt bei Söven und fließt unterirdisch durch den Hennefer Zentralort, um bei Stoßdorf wieder ans Tageslicht zu kommen und in die Sieg zu münden. Zwischen Sieg und Dondorfer See besteht eine Verbindung, die bei Hochwasser für einen Abfluss des Wassers sorgt.

Hochwasser in Bröl, 1953

Apropos Hochwasser: Das ist natürlich entlang der Sieg ein ständiges Thema. Die Hennefer Feuerwehr und der städtische Baubetriebshof sind für alle, wie man so sagt: „Hochwasserlagen" bestens vorbereitet. Der Zentralort ist mit einer Hochwasserschutzmauer gesichert.

An vielen Stellen entlang der Sieg findet der Fluss ausreichend Platz, um sich bei Hochwasser auszudehnen, ohne Ortschaften zu überfluten. Dennoch kann die Sieg bei extremem Hochwasser einigen Ortslagen wie beispielsweise Lauthausen, Auel oder Müschmühle gefährlich werden.

Hochwasser der Sieg, 1909

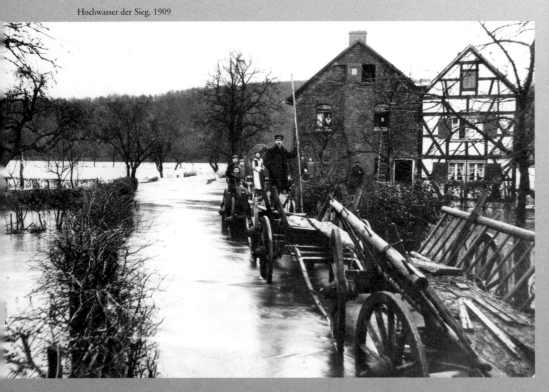

Abgesehen davon ist ein Hochwasser führender Fluss immer mit Vorsicht zu genießen. Steigt der Pegel der Sieg gar deutlich über drei Meter, wird im Rathaus ein Krisenstab eingerichtet. Hennef ist übrigens eine der wenigen Städte entlang der Sieg, die einen bis ins Detail ausgearbeiteten Hochwasserschutzplan hat, der in Bezug auf mögliche Pegelstände alle einzuleitenden Schutzmaßnahmen beschreibt.

Sieghochwasser 2003 im Zentralort nahe dem Horstmannsteg   Hochwasser in Bröl, 1953

HÖFE AN DER SIEG

Von all den vielen Höfen in Hennef haben drei eine ganz besondere Verbindung, die man bei einem Blick auf die Landkarte nicht ohne weiteres erkennt: Der „Allner Hof" zwischen Allner und Weldergoven, das „Wiesengut" in der Siegaue und der „Abtshof" in Geistingen wurden 1911 als typenmäßig gleiche Gutshöfe gebaut. Bauherr: die damaligen Eigentümer von Schloss Allner, die Cockerillsche Vermögens- und Gutsverwaltung. Die drei Höfe dienten als Vorhöfe zu Schloss Allner.

Das Wiesengut ist seit 1985 ein Versuchsbetrieb für Organischen Landbau der Landwirtschaftlichen Fakultät der Universität Bonn und seit 1991 dem Institut für Organischen Landbau zugeordnet.

Es ist Mitglied im Anbauverband „Naturland" und in den Lehr- und Forschungsschwerpunkt „Umweltverträgliche und Standortgerechte Landwirtschaft" der Landwirtschaftlichen Fakultät Bonn als „Projektbereich Wiesengut" eingebunden. Das Wiesengut veranstaltet meist im Sommer eines jeden Jahres einen Tag der offenen Tür. Der Allner Hof ist Pferdehof. Der Abtshof schließlich – auf den die Beschreibung „an der Sieg" zugegeben nicht ganz zutrifft, der aber thematisch hierher passt – war seit 1960 Teil eines Landesjugendheimes des Landschaftsverbandes Rheinland. Anlage und Bauweise von Wohngruppenhäusern, Schwimm- und Sporthalle stehen beispielhaft für die Jugendheimarchitektur der 50erJahre. Der Abtshof selber ist bewohnt, die Gebäude der ehemaligen Heimanlage stehen weitgehend leer. In Stoßdorf finden wir zwei weitere Höfe: „Gut Zissendorf" und den „Quadenhof". Gut Zissendorf diente ab 1263 als Kloster der ursprünglich in Stadt Blankenberg angesiedelten Nonnen des Zisterzienserinnen-Ordens. 1803 wurde das Kloster Zissendorf infolge der Säkularisation aufgehoben. Heute befindet sich hier eine Caritas-Fachklinik für suchtkranke Frauen.

Das Gut Quadenhof an der Frankfurter Straße ist als „Private Kornbrennerei Franz Sünner" eine der letzten Privat-Brennereien im Rheinland. Die Ursprünge des Gutshofes liegen vermutlich im 15. Jahrhundert, spätestens seit 1881 wird eine Kornbrennerei betrieben, zumindest ist sie seit damals urkundlich bekannt. Heute wird auf dem Quadenhof eine breite Palette Spirituosen-Spezialitäten hergestellt, zum Beispiel „Alter Korn" (fünf Jahre im Eichenfass gereift), „Goldene Ähre" (zehn Jahre Eichenfass), Doppelwacholder aus echten toskanischen Wacholderbeeren oder „Feuriger Elias", ein feiner Edelkräuterlikör. Aber auch trendige Produkte sind im Angebot: „Saugut", Liqueur aus herben Früchten und Wodka, oder „666 – The number of the drink" aus Malt Whisky und Orange im schwarzen Steinzeugkrug. Der Betrieb hat in den vergangenen Jahren zahlreiche DLG-Prämierungen eingeheimst.

Der Quadenhof betreibt neben dem Hofladen auch ein Museum, in dem Ausstellungsstücke aus der Landwirtschaft, der Hauswirtschaft und des Brennereiwesens auf eine Reise in längst vergangene Zeiten locken. Alle Ausstellungsstücke stammen aus dem Gutshof selber (Hofladen und Museum: Mo-Do 9-13h, 14-16.30h, Fr 9-13h, 14-16h). Außerdem sind Brennereibesichtigungen für Gruppen bis 25 Personen nach Voranmeldung möglich: Vom Getreide bis zum Getränk erklären die Fachleute des Quadenhofes die Herstellung der Spezialitäten.

Gut Zissendorf (links), Gut Quadenhof (oben) und das Wiesengut (unten)

Übrigens bietet die Tourist-Info der Stadt Hennef immer mal wieder Radwanderungen zu den historischen Hofanlagen an (Infos: 0 22 42 / 1 94 33).

Weingartsgasse um 1930

4

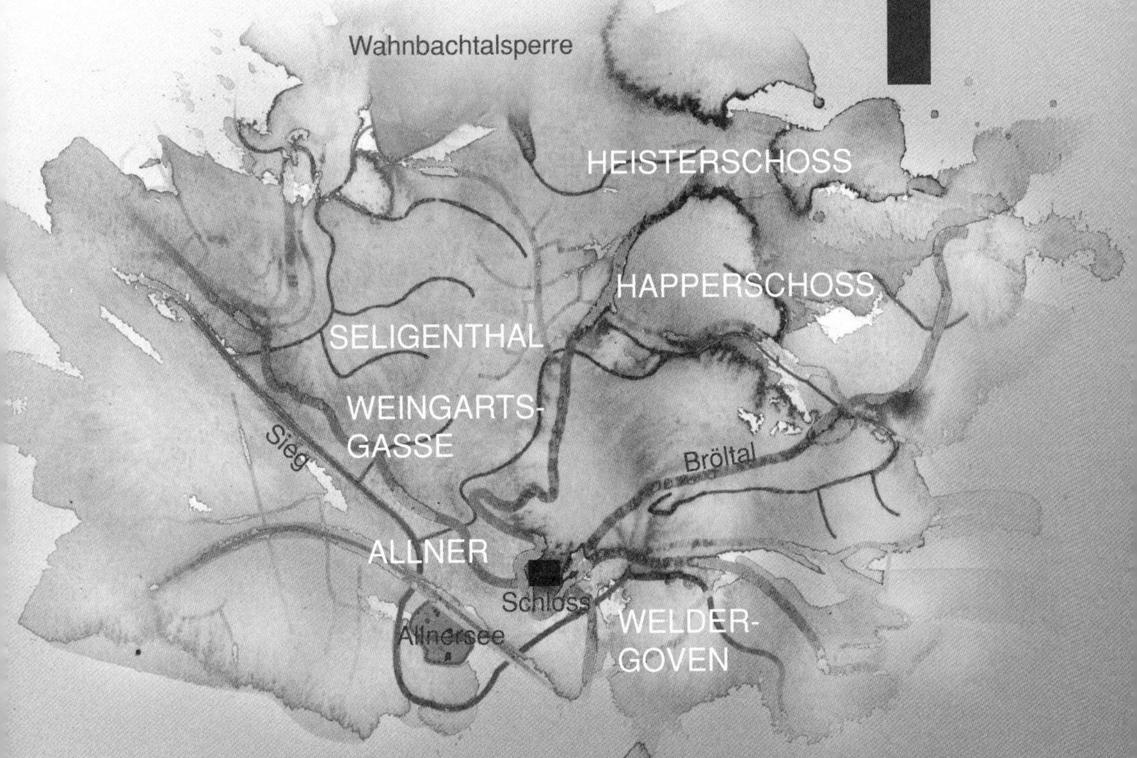

Wahnbachtalsperre

HEISTERSCHOSS

HAPPERSCHOSS

SELIGENTHAL

WEINGARTS-
GASSE

Sieg

Bröltal

ALLNER

Schloss

Allnersee

WELDER-
GOVEN

IMMER AM SÜDHANG LANG

IM SIEGTAL

DEN BERG HOCH

DIE FENSTERBILDER DES ALLNER RATHAUSES

NEUBAUGEBIET „IM SIEGBOGEN"

EIN SEE ENTSTEHT: ALLNER SEE

SCHLOSS ALLNER

HONSCHAFT, PFARRE UND FREIGERICHT HAPPERSCHOSS

WEINGARTSGASSE, ALLNER, WELDERGOVEN

Weingartsgasse 1930

WEINGARTSGASSE, ALLNER, WELDERGOVEN – IMMER AM SÜDHANG LANG

Auch für das Gebiet rund um Weingartsgasse und Allner wollen wir zwei Touren vorschlagen, deren Gemeinsamkeit Start- und Zielpunkt an der Gaststätte Sieglinde in Weingartsgasse ist. Diese Stelle ist nicht nur aufgrund ihres hohen Freizeitwertes bemerkenswert, sondern auch historisch interessant: An der Stelle der heutigen Fußgängerbrücke war früher eine Fähre, die die beiden Ufer miteinander verbunden hat. Die Fähre war insofern wichtig, als dass sie an der Fernstraße zwischen Düsseldorf und Frankfurt lag. Von der Fähre gelangte man in die Steinstraße in Hennef und einige Hundert

Meter weiter in die Frankfurter Straße, die alte Fernhandelsstraße zwischen Köln und Frankfurt. Einige Hundert Meter siegabwärts wurde unter Kurfürst Johann Wilhelm ab 1715 eine steinerne Brücke über die Sieg gebaut, die jedoch wahrscheinlich nie in Betrieb genommen wurde, weil Johann Wilhelms Nachfolger Karl Philipp weder an der Brücke, noch überhaupt am Rheinland irgendein Interesse hatte. Er verlegte seine Residenz nach München. Die Brücke diente bald nur noch als Steinbruch, beispielsweise zum Bau des barocken Kirchturms der Hennefer Kirche 1744.

Postkarten mit Ansichten von Sieg und Allner von 1900 und 1915

Aussicht von Altenbödingen auf das Siegtal und Schloss Allner, nach einem Gemälde von Prof. Hans Gude, 1859

IM SIEGTAL

Von der Siegbrücke in Weingartsgasse aus
folgen wir auf der Siegpromenade der Sieg
bis zur Bröltalstraße – die Promenade ist im
Ort selber erst seit 2005 durchgängig be-
geh- und befahrbar. Hier folgen wir der
Straße trotz des zuweilen starken Verkehrs
bis zum Allner Hof und folgen ab dort der
Siegstraße nach Weldergoven, das mit seinen sehenswerten Fachwerkhäusern einen
Besuch wert ist.

Fachwerkhäuser in Weldergoven.
In der Mitte die so genannte Scheune,
das Bürgerhaus der Weldergovener

88

Der Siegstraße weiter auch um Kurven folgend kommen wir wieder zurück an die Sieg und spazieren entlang dem Siegdamm mit der Sieg gen Westen. Zurück auf der Bröltalstraße überqueren wir die Allner Brücke und biegen links nach Allner ab. Gut 300 Meter weiter kommen wir in die Dr.-Pagenstecher-Straße, nach weiteren 200 Metern in die Straße Im Hagen. Auch in Allner lohnt sich ein Rundgang: schöne, kleine Straßen und Gassen, hervorragend renovierte Fachwerkhäuser und liebevoll gepflegte Gärten zeugen von der Verbundenheit der Hennefer mit ihren Dörfern.

Durch die Lettestraße und am Bürgerhaus (Einkehrmöglichkeit) vorbei kommen wir unter der Autobahnbrücke hindurch auf den Spazierweg rund um den Allner See, dem wir bis zur Verlängerung des Horstmannsteges folgen. Über diesen erreichen wir wieder die Siegpromenade, auf der wir zurück zur Siegbrücke nach Weingartsgasse spazieren.

Steg über die Sieg bei Allner um 1900

Dorfstraße in Allner auf Höhe der Schlosseinfahrt um 1906

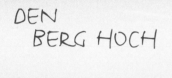

DEN BERG HOCH

Die zweite Tour führt uns hinauf bis nach Happerschoß und am Mühlenberg wieder hinunter. Sie folgt – ganz einfach – dem Wanderweg „NP1" über Seligenthal am dortigen Kloster vorbei, am Berg hoch nach Happerschoß, vorbei an der Kirche und über die Siegenhardt wieder hinunter bis nach Allner. Dort kommen wir wieder auf die Dr.-Pagenstecher-Straße und folgen dem restlichen Weg wie bei Tour eins. Es mag wundern, dass wir mit einer Tour über Seligenthal Hennefer Gebiet verlassen. Aber davon abgesehen, dass man das nicht so pingelig sehen sollte, ist es noch nicht allzu lange her, dass Seligenthal der Stadt Siegburg zugeschlagen wurde: bis zur kommunalen Neuordnung 1969 gehörte Seligenthal nämlich zur Bürgermeisterei Lauthausen.

Die Wahnbachtalsperre liegt zum Teil auf Hennefer Gebiet

DIE FENSTERBILDER DES ALLNER RATHAUSES

„Ein historisches Schmückstück ist zurück im Rathaus", meldete die Hennefer Stadtverwaltung 2005. Gemeint war das Glasbild aus dem Rathaus der Gemeinde Lauthausen in Allner, das schon 1964 für Diskussionen gesorgt hatte. Damals wurde das Rathaus Allner um einen Anbau erweitert. Die Verbindung des alten und des neuen Traktes sollte um ein Kunstwerk, genauer: ein Buntglasfenster zum Garten ergänzt werden. Dafür waren Mittel für „Kunst am Bau" bereit gestellt werden. „Nicht jeder im Rat für moderne Malerei" titelte am 15. Juli 1964 eine Lokalzeitung über die Diskussion im Lauthausener Gemeinderat.

Das mehrere Meter breite und hohe Buntglasfenster war vom Kölner Kunstverglaser Robert Steimel gestaltet worden und stellte die Geschichte und wichtigsten Bauwerke Lauthausens dar. Trotz Diskussion entschied sich der Gemeinderat für das Fenster. Es blieb bis 1999 an Ort und Stelle und erlebte die Zeitläufte mit. 1969 ging die bis dato selbstständige Gemeinde Lauthausen bei der kommunalen Gebietsreform in der Gemeinde Hennef auf, das Rathaus Allner wurde fortan als Sitz des technischen Dezernates genutzt. 1981 wurde aus der Gemeinde die Stadt Hennef. Schließlich 1999: Das neue Rathaus im Zentrum Hennefs war fertig, das Rathaus Allner hatte ausgedient und das Buntglasfenster auch. Während allerdings das alte Rathaus abgerissen wurde – heute stehen dort Wohnhäuser –, lagerte das Glasbild im Städtischen Bauhof.

Bis 2005. Die Stadtspitze, allen voran der Bürgermeister, selbst in Allner groß geworden, schritten zur Tat und machten sich daran, einen alten Beschluss des Stadtrates über die Ausstellung des Buntglasfensters in die Tat umzusetzen. Tagelang pilgerten Rathausbedienstete durch die Gänge des alten und des neuen Rathauses an der Frankfurter Straße und suchten einen geeigneten Platz für das Werk. Sie wurden fündig und seit Juli 2005 ist das Buntglasfenster wieder in einem Rathaus und an der Flurwand auf der ersten Etage des Neubaues für jedermann zu besichtigen. Eine Hintergrundbeleuchtung illuminiert die bunten Szenen der Lauthausener Geschichte.

Eine besondere Freude allerdings macht das Fenster all jenen, die schon im Allner Rathaus gearbeitet haben. Vor allem, so erzählt

man sich, soll die natürliche Beleuchtung durch die Sonne das Bild ganz besonders schön zur Geltung gebracht haben, ähnlich wie Kirchenfenster im Gegenlicht geradezu leuchten. Im neuen Hennefer Rathaus bildet das alte, bleiverglaste Bild nun einen reizvollen Kontrast zur modernen Architektur und setzt ein optisches Zeichen für die so typische Kombination Hennefs von Tradition und Moderne.

NEUBAUGEBIET „IM SIEGBOGEN"

Zwölf Hektar Nettobauland, beste Lage, optimale Infrastruktur, Schulen in der Nähe, Grundschule und Kindergarten im Baugebiet, zukünftiger S-Bahn-Anschluss, Autobahn schnell erreichbar ... Fakten, die Bauherren, Investoren und Stadtplaner interessieren. Das Neubaugebiet „Im Siegbogen" erstreckt sich in dem riesigen Areal zwischen Autobahnabfahrt und Allner Hof, zwischen Weldergoven und Blankenberger Straße und ist mit das größte zusammenhängende Wohnbaugebiet in der ganzen Region. Über Jahre hat die Stadt hier Grundstück um Grundstück erworben, erschlossen und die Infrastruktur entwickelt. Zur Zeit der Entstehung dieses Buches steht ein Gesamtmarketingkonzept in den Startlöchern, um in diesem Areal eine städtebaulich hochwertige Wohnlandschaft entstehen zu lassen, die für Menschen aller Altersgruppen und Bedürfnisse einen lebenswerten Ort bieten wird.

Auf der einen Seite reicht der Blick bis zum Schloss Allner und weiter bis zum Siegburger Michaelsberg, auf der anderen Seite beginnt direkt das Naturschutzgebiet Dondorfer See. Bis zur Sieg und den dortigen Wanderwegen sind es nur wenige Schritte. Der Allner See mit seinen Freizeitmöglichkeiten von Angeln bis Baden ist ebenso nah wie das Hennefer Zentrum mit Geschäften, Cafés und Kneipen.

Die Autobahn ist weit genug weg, um sie nicht zu hören, und nah genug, um für einen Theaterabend schnell nach Köln, Bonn oder in eine der Städte des Ruhrgebietes zu fahren. Über den S-Bahnanschluss ist man nach einer Station am ICE-Bahnhof Siegburg und einige Kilometer weiter sogar am Konrad-Adenauer-Airport.

Alles in allem sind das Rahmendaten, die besser nicht sein könnten. Platz bietet das Gebiet für rund 300 „Wohneinheiten" – um in der Sprache von Bauträgern zu sprechen: Wohnungen, Einfamilienhäuser, Doppelhäuser, Reihenhäuser. Konventionelle wie innovative Wohnlösungen sind hier ebenso geplant, wie die Umsetzung von modernen Wohnideen, beispielsweise dem Mehr-Generationen-Wohnen oder barrierefreien

Lösungen. Nachhaltiges und ökologisch verträgliches Bauen versteht sich da von selbst.

Früher wurde das gesamte Areal landwirtschaftlich genutzt und gehörte alteingesessenen Landwirten. Dörflich, ländlich, natürlich sind also die Stichworte. Alles in allem sollen sich die Häuser dieses Wohngebietes in die Geschichte und die Struktur Hennefs einfügen und in weiteren Bereichen das Thema „Höfe" wieder aufnehmen: Wohnhöfe mit viel Grün, vielen ruhigen Ecken und viel Platz für Kinder.

EIN SEE ENTSTEHT: ALLNER SEE

Ortsfremde neigen dazu, den Allner See für ein natürliches Gewässer zu halten, aber das ist nur teilweise richtig. Selbstverständlich ist der See heute ein Teil der Hennefer Natur, aber seine Entstehung verdankt er dem Bau der Autobahn 560, für deren Damm Kies und Sand benötigt wurde, die man irgendwo ausgraben musste. Das dadurch entstandene Loch wurde zum See. Dies zog sich über elf Jahre hin.

1979 begannen die Planungen, 1984 die Abgrabungsarbeiten oberhalb des Grundwassers und im Grundwasserbereich bis zu einer Tiefe von rund sechs Metern unter dem mittleren Grundwasserspiegel. Nach dem Ende der Grabungen wurde die Grube ab 1986 renaturiert.

Böschungsneigungen und -ausformungen wurden festgelegt, der neue See füllte sich mit Wasser, Böschungen, Schutzstreifen und Freiflächen, die nicht abgegraben wurden, wurden bepflanzt. 1990 war der neue See fertig – zeitgleich mit der Autobahn.

Wie das so ist, regelt eine städtische Satzung, was man am See darf und was nicht. Nötig wurden diese Regeln vor allem durch den stetig wachsenden Besucherstrom im Sommer. Der komplette südliche Uferbereich ist Anglern vorbehalten, der nordwestliche Bereich ist Landschaftsschutzzone. Lediglich der nordöstliche Bereich, der über die Dr.-Pagenstecher-Straße zu erreichen ist, dient als Spiel- und Liegewiese und zum Schwimmen. Lagern, Zelten und Lagerfeuer sind verboten, zwischen 22 und 6 Uhr ist jede Art der Nutzung untersagt. Der Allner See ist nicht als Bade- oder Sportgewässer ausgewiesen, die Nutzung – darauf legt die Stadt wert – erfolgt auf eigene Gefahr.

Rund um den See finden Spaziergänger und Radfahrer einladende Wege mit vielen Bänken, um die Natur zu genießen. Über den Horstmannsteg ist man von der geschäftigen City in wenigen Minuten am See. An die in beide Richtungen der Sieg führenden Wanderwege ist der See ebenfalls gut angeschlossen – Radwegweiser zeigen, wo es langgeht.

Manch ein Hennefer würde wohl gerne sein Surfbrett im See zu Wasser lassen, andere hätten Spaß an einem Bad um Mitternacht, die meisten Hennefer aber sind zufrieden mit den Regeln rund um den See und genießen, dass er binnen weniger Jahre so wirkt, als gäbe es ihn mindestens seit der letzten Eiszeit.

SCHLOSS ALLNER

Löwenmaske über der Toreinfahrt aus dem 17. Jahrhundert

Versteckt hinter hohen Mauern und noch viel höheren Bäumen, von Ferne jedoch – über die Wipfeln ragend – gut zu sehen, liegt Schloss Allner am Fuße des Mühlenberges. Ein Schloss mit bewegter Geschichte, das heute nur noch zu besichtigen ist, wenn man in einer der darin gelegenen Wohnungen lebt oder von einem Besucher eingeladen wird. Ein Blick in die Geschichte zeigt auch, wo und wie man die in Hennef so geläufigen Namen Pagenstecher, Cockerill und Horstmann einzuordnen hat.

Schloss um 1910

1420 wird Schloss Allner im Besitz des Arnold von Markelsbach erstmals urkundlich genannt. Mitte des 16. Jahrhunderts kommt der Rittersitz Allner durch Heirat in den Besitz des 1568 gestorbenen Wallraff Scheiffart von Merode. Um 1650 vergrößert Bertram Scheiffart von Merode den Kernbau des Rittersitzes Allner und leitet damit die Entwicklung der zweiteiligen Wasserburg zum „Schloss" ein. Zwischen 1700 und 1827 wechselt das Schloss mehrfach den Eigentümer, kommt dann über die Heirat der Eigentümerin Wilhelmine Helene Gräfin von

Hatzfeld mit Maximilian von Loe in den Besitz der Familie von Loe.

Maximilian von Loe, 1801 geboren, war zu seiner Zeit eine der bedeutendsten Persönlichkeiten des Rheinlandes: Wortführer des ritterbürtigen rheinischen Adels und der kirchlich-konservativen Katholiken, 1837 bis 1845 Mitglied des Provinziallandtages und seit 1837 auch Landrat des Siegkreises, wobei er sein landrätliches Büro auf Schloss Allner aufschlägt. Nach seinem Tod 1850 verlassen die Erben das Schloss, das nun leer steht.

Pavillon im Schlosspark

Postkarte um 1900

1870 kauft der Düsseldorfer Augenarzt Dr. Mooren das Schloss und lässt es durch den Franziskanerbruder Paschalis im gotischen Stil umbauen, verkauft es aber schon 1883 an den Aachener Industriellen Philipp Heinrich Cockerill. Dessen Tochter und ihr Ehemann Graf Alfred Adelmann von Adelmannsfelden (!) beziehen das Schloss, 1884 wird dort ihre einzige Tochter, Irma, geboren, die ab 1923 das Schloss mit ihrem Ehemann Dr. Adolf Pagenstecher bewohnt und Eigentümerin wird. 1928 wird ihre Tochter Lucy Pagenstecher geboren und in der Schlosskapelle getauft.

1945 wird das Schloss durch Artilleriefeuer schwer beschädigt. Ab 1948 gehörte das Schloss Lucy Pagenstecher alleine, die 1950 den Forstwirt Rainer C. Horstmann heiratet. Die Schäden am Schloss werden bis 1962 repariert. 1953 stellt das Ehepaar das Schloss der Caritas gegen einen symbolischen Preis von einer Mark als Kinderheim zur Verfügung. Das „Cockerill-Kinderheim" wird bis 1973 betrieben.

Danach steht das Schloss leer. Rainer C. Horstmann stirbt 1970. Er war von 1956 bis 1969 Bürgermeister der Gemeinde Lauthausen, 1961 bis 1969 Mitglied des Kreistages, 1964 bis 1969 Landrat des Siegkreises. Nach der kommunalen Neugliederung war er bis zu seinem Tod Mitglied des Hennefer Gemeinderates.

1979 verkauft die Horstmannsche Verwaltungsgesellschaft Schloss Allner mit dem dazugehörigen weiträumigen Park an eine Bauherrengesellschaft. Anschließend kommt es zu diversen Besitzerzwechseln, vielfältigen Zerstörungen am Schloss und Plünderungen der Inneneinrichtung, so dass der Hennefer Stadtdirektor im Winter 1983/84 sogar Fenster und Türen zumauern lässt, um weitere Zerstörungen zu verhindern. Ab 1985 schließlich entstehen im Schloss und den umliegenden Wirtschaftsgebäuden und Stallungen Eigentumswohnungen und Wohnhäuser, wobei jedoch die historische Substanz im Inneren modernen Wohnanforderungen weichen muss.

Schloss Allner im Jahre 1930

Der alte Schloßpark ist in einen Märchenschlaf versunken.
Der Rest wurde mit Häusern bebaut.

Blick auf Happerschoss um 1920

HONSCHAFT, PFARRE UND FREIGERICHT HAPPERSCHOSS

Oberhalb der Sieg und des Mühlenberges, zwischen Neunkirchen und Bröl, der Wahnbachtalsperre und Weingartsgasse, liegen dicht beieinander wie malerische Kleckse, die beiden schönen Dörfer Happerschoß und Heisterschoß, drumherum sattgrüne Natur und ein Ausblick, der alleine schon einen Besuch wert ist.

Happerschoß wurde als „haperscozze" erstmals im Jahre 1054 in einer Schenkungsurkunde erwähnt:

Remigiuskirche von 1818

Königin Richeza von Polen schenkte nach dem Tod ihres Bruders der Abtei Brauweiler Güter und Ländereien, darunter 15 Morgen und ein Gutshaus in eben jenem Happerschoß. Wahrscheinlich befand sich dort auch eine Kapelle, geweiht dem Heiligen Remigius, dem in fränkischer Zeit zwischen 700 und 1200 viele Gotteshäuser geweiht wurden. Bekannt ist, dass Erzbischof Anno II. in Happerschoß im 11. Jahrhundert eine neue Kirche erbauen ließ, der auch Heisterschoß unterstellt war. Die Kirche in Happerschoß gehörte zur Pfarre Geistingen.

Es ist anzunehmen, dass das 1054 verschenkte Gut auch Gerichtsbezirk war. 1348 wurde das Gericht von „Furst und Herr Hertzog Reynart, Vaidt van dem Berghe" mit weiteren Rechten ausgestattet, es wird –

in der Sprache der Zeit – „gebessert": „eyn offensichtlich gericht gebessert zu Happerschoß in dem Landt van dem Berghe". Das Freigericht Happerschoß unterstand direkt dem Herzog, bestand aus einem Schultheiß und acht geborenen Schöffen, die alle auf den Landesfürsten vereidigt waren; es wurde dreimal im Jahre abgehalten. Es überwachte den Zustand der Wege und Stege, die Kirchenzucht zu Happerschoß und Herchen, die eheliche Treue sowie Gewichte und Maße beim Verkauf von Nahrungsmitteln.

1791, Happerschoß war nach wie vor eigenständige Gemeinde, eine Honschaft, gab es dort nachgewiesenermaßen eine Schule, wie auch in Blankenberg, Bödingen, Broichhausen, Fernegierscheid, Geistingen, Hanf, Hennef, Mittelscheid, Rott, Söven, Striefen, Uckerath und Warth. In französischer Zeit wurde die Gemeinde Happerschoß Teil der Mairie Lauthausen und blieb auch später Teil der Gemeinde Lauthausen.

Am 11. August 1807 wurde Happerschoß Opfer einer Brandkatastrophe, bei der binnen drei Stunden 36 Häuser und 22 mit Getreide gefüllte Scheunen und die alte Kirche Annos II. abbrannten. Drei Jahre später erließen die napoleonischen Herrscher ein Dekret, dem zufolge die Pfarrgemeinde aufgelöst werde sollte. Zuständige Pfarre sollte Bödingen werden, untergeordnete Pfarre (sog. Succursal-Pfarre) Seligenthal. Weder der damalige Pfarrer Sturm, noch die Happerschoßer Bevölkerung waren jedoch gewillt, sich dem Dekret zu beugen, zumal es ein Regierungsdekret war und kein erzbischöfliches. Die Bewohner beschlossen gar, auf eigene Kosten eine neue Kirche zu bauen. Mit Erfolg: Nachdem sie jahrelang in einer Scheune Gottesdienst hatten abhalten müssen, feierten die Happerschoßer diesen am 25. Dezember 1818 erstmals in der neuen Kirche, die selbstverständlich wieder dem Heiligen Remigius geweiht war.

Heisterschoss um 1900, im Hintergrund der Wasserturm

Brückenwärter der Bröltalbahn an der Allner Brücke im Jahre 1904

BRÖLTALBAHN

ENTLANG DER ALTEN BAHNLINIE
VOM HANFTAL INS BRÖLTAL

DURCHS HANFTAL

DURCHS BRÖLTAL

VERKEHRSANBINDUNG DAMALS UND HEUTE

EINE DER ÄLTESTEN SCHMALSPUREISENBAHNEN

Blick auf die Haltestelle
Kuchenbach bei Lanzenbach
Die Bahnlinie verlief
in etwa entlang der Baumrei
in der Bildmitte

ENTLANG DER ALTEN BAHNLINIE VOM HANFTAL INS BRÖLTAL

Scheune in Lanzenbach

Die vorgeschlagene Tour besteht im Grunde aus zwei möglichen Routen: Hanf bis Hennef und Hennef bis Bröl. Sie ergeben keine Rundtour und werden daher besser getrennt voneinander gefahren. Wer dennoch eine Rundfahrt daraus machen möchte, sollte zwischen Bröl und Hanf über Bödingen, Oberauel, Stein, Stadt Blankenberg, Süchterscheid, Uckerath und Dahlhausen eine Route wählen, die allerdings nur der Verbindung beider Enden dient und keinen direkten Bezug zur Bröltalbahn hat.

112

DURCHS HANFTAL

Wir starten diese Tour in Hanf (mit der Buslinie 524 zu erreichen) und folgen den Straßen Gänsehof und Hanfer Straße parallel zum Hanfbach und zum teilweise befahrbaren alten Bahndamm. In Dahlhausen folgen wir der Straße Am Berghang bis auf Höhe Wiederschall, biegen rechts ab, überqueren den Hanfbach und biegen links nach Röttgen ab. Die Straße Zur Hammermühle verlassen wir in Kurenbach auf Höhe des Campingplatzes in Richtung Lanzenbach. In Kuchenbach fahren wir geradeaus weiter, dem Hanfbach folgend.

Bislang sind wir seit Wiederschall fast ununterbrochen dem alten Bahndamm gefolgt. In Kuchenbach lohnt sich ein Halt. Entlang der Bahntrasse hat das Steinmetz- und Bildhauerpaar Heller Skulpturen und Grabsteine aus seiner Werkstatt aufgestellt. Die alte Station Kuchenbach direkt gegenüber dem Hellerschen Fachwerkhof ist hier gut zu erkennen.

Vom Hellerschen Hof aus fahren wir weiter parallel zum Hanfbach an Lanzenbach vorbei, bis wir den Ortseingang in der Röckelstraße erreichen, die in die Hanftalstraße mündet. Von dort geht es über die Frankfurter Straße weiter bis zum Bahnhof Hennef und in das Zentrum Hennefs, wo sich reichlich Gelegenheiten für Pausen bieten. Am Bahnhof sehen wir Überreste der Schienen der Bröltalbahn, die zur Erinnerung auf dem Platz vor dem historischen Bahnhofsgebäude von 1860 eingelassen blieben.

Dem aufmerksamen Radler ist es schwerlich entgangen: Die bisherige Strecke bot einen Einblick in einen der landschaftlich reizvollsten Teile Hennefs. Der Blick über Wiesen, Felder und Wälder reichte beiderseits des Weges teilweise kilometerweit, der Ausblick ins Höhnerbachtal nach Käsberg ist malerischer kaum vorzustellen.

EINST und **JETZT**

Schöne Grüße aus dem Bröltal

Postkarte um 1950

Bröltalbahn in Bröl um 1930. Dicht an den Häusern fuhr die Bahn lan durch Bröl.

DURCHS BRÖLTAL

Nicht minder reizvoll, aber landschaftlich enger ist der zweite Teil der Tour durch das Bröltal. Der Brölbach hat sich recht tief ins Tal hineingearbeitet, links der Strecke wachsen Mühlenberg und Giersberg empor, rechts der Brölaue geht es hoch nach Altenbödingen.

Wir starten am Hennefer Bahnhof, folgen der Frankfurter Straße, der Straße An der Brölbahn (!) und der Bröltalstraße. Auf der linken Seite an dieser Straße kurz vor der Autobahnabfahrt befanden sich bis Mai 2006 die alten Hennefer Lokschuppen der Bröltalbahn, die nach Aufgabe der Schmalspurbahn als Möbelhaus genutzt wurden. Danach verfielen die Hallen zusehends und gerieten in der Nacht zum 1. Juni 2006 durch Brandstiftung so stark in Brand, dass Tags darauf nur ein Trümmerhaufen blieb. Bereits zu diesem Zeitpunkt allerdings sah die Stadtplanung für diesen Bereich umfangreiche Neuerungen vor, so dass die Anlage ohnehin irgendwann verschwunden wäre.

Wir folgen der Straße weiter und überqueren bald die Allner Brücke bei Müschmühle, die einst mit Gleisen ausgestattet war. Von der Brücke aus rechts sehen wir die Mündung des Brölbachs in die Sieg. Nun sind wir tatsächlich im Bröltal und folgen entweder der gleichnamigen Straße bis Bröl oder den Wanderwegen entlang des Brölbachs. In Bröl selber, wo die Bahn früher so eng an den Häusern vorbei fuhr, dass an einem Haus sogar eine Schranke an der Haustür (!)

angebracht werden musste, erinnert auf den ersten Blick nichts mehr an die Bröltalbahn. Lediglich der alte Bahnhof hat die Zeitläufte überstanden. Renoviert und zum Wohnhaus umgebaut finden wir das Gebäude als letztes Haus auf der rechten Seite vor dem Ortsausgang. Hier endet diese Hennefer Tour, wer mag, kann jedoch dem Brölbach weiter in Richtung Ruppichteroth und bis zur Endstation in Waldbröl folgen (zurück mit den Bus-Linien 530 und 531).

Die kleinste Schranke Deutschlands, um 1900

Bröltalbahn auf der Allner Brücke, rechts die Allner Mühle, um 1935

VERKEHRSANBINDUNG DAMALS UND HEUTE

Man kann es sich kaum vorstellen, wie abgeschieden Hennef und seine heutigen Ortsteile – damals in der Landschaft zerstreute Dörfer und Weiler – früher einmal waren. Was man heute als selbstverständlich ansieht, war einst ein Traum, Dinge, die man heute so schnell wie möglich ausbauen möchte – wie die Siegtalstraße –, waren noch vor gut 150 Jahren eine Errungenschaft.

Gruss aus Hennef a. d. Sieg. Blick in die Bahnhofstrasse.

Postkarte um 1910

Das heute so anfällige und unfallträchtige Nadelöhr Siegtalstraße wurde erst 1859 gebaut. Zuvor musste man sich über Dörfer und Hügel quälen, ehe man von Hennef bis nach Eitorf kam. Auch die Eisenbahnanbindung Hennefs wurde erst 1859 realisiert, der Hennefer Bahnhof 1860. Erst danach machte der Bau der Bröltalbahn Sinn, die ab 1862 auf schmaler Schiene unterwegs war. Nur die heutige B8 wurde als Fernhandelsstraße und Postweg zwischen Köln und Leipzig schon seit Jahrhunderten genutzt – aber abgesehen von deren Ausbau im Laufe des 20. Jahrhunderts, widerfuhr den Hennefern die erste gravierende Änderung seit 1859 erst mit dem Bau der Autobahn Ende der 80er Jahre und dem Anschluss der A 560 an die A 3 1990.

Für das Hennefer Zentrum trat damit eine erhebliche Entlastung von Schwerlast- und sonstigem Durchgangsverkehr ein. Und abgesehen davon, dass die Stadtväter und -mütter sofort eine komplette Neugestaltung der Frankfurter Straße im Zentrum beschlossen, ging es auch mit der Hennefer Wirtschaft steil bergauf. Das Gewerbegebiet Hennef-West wurde ausgebaut und füllte sich schnell mit Unternehmen, die eben das dringend gebraucht hatten: einen Autobahnzubringer.

Aber damit ist es natürlich nicht vorbei. Ende 2005 wurde die Zufahrt zur Siegtalstraße von der Autobahnausfahrt Hennef-Ost über das Gewerbegebiet Hossenberg neu gestaltet – und zeitgemäß „Europaallee" getauft. Die Siegtalstraße selber, offiziell L 333 genannt, ist seit Jahren für einen Ausbau reif, der nun für die Zeit um 2010 angekündigt wird. Auch die Allner Brücke ins Siegtal ist angesichts der Verkehrsbelastung überfällig.

Und das Drumherum in diesen Tagen? Ab dem Bahnhof Hennef ist man in fünf Minuten am ICE-Bahnhof Siegburg und von dort in 40 Minuten am Flughafen Frankfurt. Im Umkreis von 120 Kilometern um Hennef befinden sich drei internationale Flughäfen, nicht immer zur Freude der durch Fluglärm belasteten Anwohner. Von Hennef per Bahn nach Siegburg, per ICE zum Adenauer-Airport und von dort nach New York in ... sagen wir ... 15 Stunden? Heute Realität, bei der Einweihung der Siegtalstraße 1859 eine aberwitzige Idee.

Bahnhof Hennef 1912: im Vordergrund die Schienen der Bröltalbahn – noch heute an Ort und Stelle

Diesellok und bahneigener Bus um 1960

EINE DER ÄLTESTEN SCHMALSPUR-EISENBAHNEN

Angesichts heutiger technischer Möglichkeiten mutet es beinahe niedlich an, wie die Bröltalbahn im ersten Jahr ihrer Existenz unterwegs war: Von Pferden gezogen fuhr die Bahn ab Mai 1862 zwischen Ruppichteroth und Hennef, erst ab April 1863 wurden Dampflokomotiven eingesetzt. Die Bröltalbahn war eine der ersten Schmalspureisenbahnen im Dienste des öffentlichen Verkehrs in Deutschland. (Für Fachleute: Die Spurweite betrug 785 mm.) Zunächst war es eine reine Güterbahn: Sie beförderte Eisenerz aus den Vorkommen bei Ruppichteroth nach Hennef, wo die Ware auf die Güterbahnen der Siegstrecke umgeladen wurde, um weiter zur Friedrich-Wilhelms-Hütte (heute Troisdorf) befördert zu werden.

1870 förderte der preußische Staat den Ausbau des Streckennetzes bis nach Waldbröl

mit 60.000 Talern und forderte im Gegenzug von der Betreibergesellschaft, der Brölthaler Eisenbahn Actien Gesellschaft, künftig auch Personen zu befördern. Bis 1872 geschah dies kostenlos. Als mit den Jahren das Eisenerz-Vorkommen versiegte, diente die Bahn bald nicht mehr dazu, Waren aus dem Hinterland in die Städte und Fabriken zu transportieren, sondern umgekehrt: Die Bevölkerung auf dem Land wurde versorgt, die die Bahn bald auch intensiv nutzte, um vom Dorf zu den neuen Industriearbeitsplätzen in die Städte zu kommen.

Mit dem Kauf der Aktienmehrheit an der Bröltalbahn durch die Basalt AG aus Linz begann ab 1885 der rasante Ausbau des Schienennetzes auch außerhalb des namensgebenden Bröltales. Ab 1891 versorgte die Bahn die Strecke Hennef-Beuel, ab 1892 die Strecke Hennef-Bucholz mit Stationen in Geisbach, Kurenbach, Dahlhausen, Hanfmühle und Eulenberg. In den Folgejahren kamen viele weitere Strecken hinzu, so dass die Bahn schließlich die ganze Region wie ein Netz durchzog.

Bröltalbahn um 1900

118

Verkehrsknotenpunkt um 1960: in der Mitte der 2006 abgebrannte Lokschuppen der Bröltalbahn, rechts davon die Straße an der Brölbahn, in der rechten unteren Ecke die Eisenbahnlinie nach Siegen

1921 wurde die Brölthaler Eisenbahn Actien Gesellschaft in Rhein-Sieg-Eisenbahn AG umbenannt, 1954 wurden zum letzten Mal Personen befördert, in den 50er und 60er Jahren schloss die AG mehr und mehr Teilstrecken, bis die Bröltalbahn ab dem 17. Mai 1967 endgültig der Geschichte angehörte. Reste der Bahn kann man in Hennef direkt am Bahnhof sehen, vor dem noch Teile der Gleise liegen und an diesen wichtigen Meilenstein regionaler Verkehrsgeschichte erinnern. In Lanzenbach (Kuchenbach) sieht man Reste des früheren Bahnsteiges und ab Kuchenbach bis fast zur Hennefer Stadtgrenze ist noch der alte Bahndamm als Fahrradweg vorhanden, unter dem bei der Kanalisation der Orte im Hanfbachtal die Kanalrohre

verlegt wurden. Auch der viel genutzte Verbindungsweg zwischen der Lindenstraße und der Beethovenstraße im Hennefer Zentrum liegt auf der alten Bahntrasse.

Dampflokomotive im Bahnhof der Bröltalbahn. Im Hintergrund die Werkstatt 1962

119

Hennef Panorama von 1910:
links im Bild die Ziegellei und das Hennefer Zentrum,
dahinter Allner mit Schloss.
Rechts im Bild:
Warth mit Kirche, im Hintergrund auf dem Berg Bödingen

121

Blick von Weingartsgasse auf Hennef, im Hintergrund der Ölberg. 1930

6

Kirche St. Simon und Judas

Heimershof

Proffenhof

L 333

Rathaus   Allner See

WELDERGOVEN

B 478

Meys Fabrik

Markt

Sieg

A 560

WARTH

Bahnhof

HENNEF

IM ZENTRUM AM FLUSS – WOHNEN, LEBEN, ARBEITEN

WEITER IN DIE WARTH

INDUSTRIEALISIERUNG, CHRONOS-WAAGE
UND DIE MEYS-FABRIK

RATHAUS HENNEF

NEUE MITTE MARKT

HÖFE IM ZENTRUM

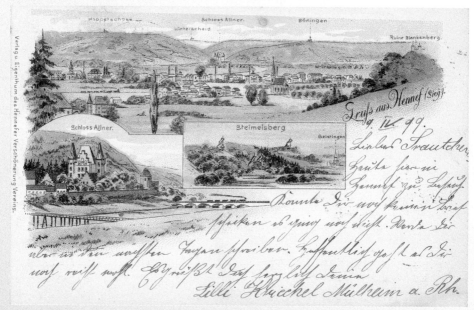

Postkarte 1899

IM ZENTRUM AM FLUSS – WOHNEN, LEBEN, ARBEITEN

Wir starten unsere Tour am Horstmannsteg, wo man einen unmittelbaren Eindruck davon bekommt, wie eng in Hennef Stadt, Fluss und Landschaft miteinander verbunden sind. Während auf der einen Seite die Siegaue in friedlicher Ruhe liegt, grenzt am anderen Ufer die innerstädtische Bebauung bis fast ans Wasser. Wir erkennen beim Blick in die Stadt links und rechts des Horstmannsteges die Hochwasserschutzmauern.

Seit 2005 gibt es entlang der Stadtseite der Sieg eine durchgehende Promenade für Spaziergänger und Fahrradfahrer, der wir in westliche Richtung bis zur großzügigen Freitreppe folgen. Noch vor einigen Jahren hätten wir hier auf dem Gelände der Firma Chronos Reuther & Reisert GmbH gestanden, die ihren Ursprung in der von Carl Reuther und Eduard Reisert 1881 gegründeten Maschinenfabrik hatte, in der die legendäre erste automatische, eichfähige Waage der Welt, die „Chronos Waage", hergestellt wurde. Die Werksmauer ging bis unmittelbar an die Sieg. 1989 hat die Stadt das Gelände aufgekauft. Heute findet man hier ein modernes Wohn- und Einzelhandelsgebiet, das "Chronos-Areal". Zeugen der Vergangenheit: Sheddachhalle und Feuerwehrturm der alten Fabrik und die ehemaligen Bürogebäude, die ein Stück Hennefer Industriegeschichte verkörpern und unter Denkmalschutz stehen. Heute befindet sich hier ein Fitnesscenter und wieder arbeiten Menschen an Maschinen, diesmal jedoch ganz freiwillig und in ihrer Freizeit.

124

Postkarte 1902

Auf einem anderen Teil des ehemaligen Chronos-Geländes, direkt neben der Sheddachhalle, steht das 1999 fertig gestellte neue Rathaus, nur wenige Meter weiter an der Frankfurter Straße das 1912 gebaute Historische Rathaus, dessen alter Sitzungssaal – im Krieg vollkommen zerstört – heute Trauzimmer ist. An der Frankfurter Straße gehen wir weiter in westliche Richtung und entdecken auf kleinem Raum gleich fünf historisch bedeutsame Gebäude: die Wasserburg, die drei Höfe aus der Zeit des Barock – Lindenhof, Proffenhof und Heymershof – und das Kinder- und Jugendhaus an der Ecke Frankfurter Straße/Königstraße, das 1892 als Amtsgericht erbaut wurde.

Postkarte um 1900

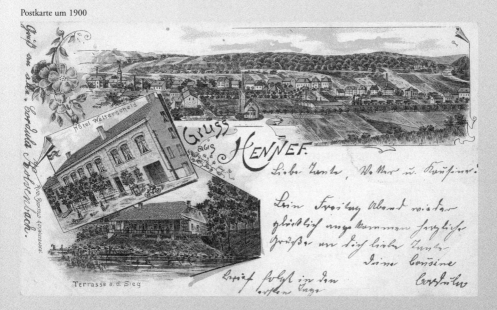

Alte Kirche St. Simon und Judas
um 1890, vor Errichtung
der neuen Kirche

Abtsgartenstraße ein, der wir 50 Meter folgen, bis wir auf dem Kirchhof der alten Hennefer Kirche stehen, deren Zwiebelturm als Turm der Friedhofskapelle erhalten ist. Der neugotische Kirchenneubau St. Simon und Judas entstand ebenfalls 1893. Auf dem alten Friedhof sind zahlreiche historische Grabsteine erhalten. Für diesen Standort wird im Jahre 1075 erstmals eine Kirche „in Hanafo" erwähnt. Mit anderen Worten: Wir stehen hier inmitten der historischen Ursprünge Hennefs – und finden schnell auch die Wiege der Hennefer Industrie: Hinter der Mauer des alten Friedhofes zur Siegfeldstraße sehen wir ein kleines, schön renoviertes Fachwerkhaus (Siegfeldstraße 23), in dem Carl Reuther 1859 mit der Produktion von Waagen und landwirtschaftlichen Maschinen begonnen hatte, ehe er 1869 an der Frankfurter Straße die „Reuther & Co., Landwirtschaftliche

Ebenfalls in diesem Bereich des Zentrums: die 1878 gegründete Gebr. Steimel GmbH & Co. Maschinenfabrik, die letzte aktive Firma aus der Hennefer Gründerzeit.

Zwischen Steimel und Heymershof biegen wir in die Steinstraße ein, passieren linker Hand direkt nach der Firmenbebauung die 1893 errichtete alte Schule (Steinstraße 4), biegen nach gut 200 Metern rechts in die

Frankfurter Straße um 1940, Blick auf Rathaus und Post

Maschinenfabrik Hennef" gründete. Reuther war der Begründer der Hennefer Industrie.

Über die Siegfeldstraße gehen wir in Richtung Beethovenstraße. An der Ecke Beethovenstraße und Frankfurter Straße können wir einen Blick in den Garten des Proffenhofes werfen. Besonders der „Vorgarten" mit Rondell ist sehr schön anzusehen. Am Ende der Beethovenstraße erreichen wir die Meys Fabrik, wieder ein bedeutsamer Zeuge Hennefer Industriegeschichte, einst Maschinenfabrik, heute Sitz der Stadtbibliothek,

des Stadtarchivs und der Hennefer Feuerwache und ausgestattet mit einem großen Saal für Veranstaltungen aller Art. Die großen Bogenfenster an der Straßenfront gab es früher nicht, sie wurden im Zuge der Renovierung nach dem Vorbild eines Hallentores, das man auf alten Bildern sehen kann, eingebaut. Rechts von der Meys Fabrik sehen wir die alte Fabrikantenvilla, eines der schönsten Denkmäler Hennefs. Unmittelbar gegenüber mündet eine kleine Gasse in die Beethovenstraße, die Fußgänger und Radfahrer als Abkürzung in Richtung Marktplatz nutzen.

Mays Fabrik

Proffenhof

Gruss aus Hennef a. d. Sieg. — Blick in die Frankfurterstrasse vom Amtsgericht aus.

Diese Gasse ist der letzte innerstädtische Überrest der Bahntrasse der Bröltalbahn. Bis vor einigen Jahren war die Beethovenstraße mit einem Bahnübergang ausgestattet. Im Zuge des Baus der Theodor-Heuss-Allee wurde die Beethovenstraße für Fahrzeuge gesperrt und eine Fußgängerunterführung eingerichtet. Seitdem ist auch der Haupteingang der Meys Fabrik nicht mehr unmittelbar an der Straße, sondern durch eine breite und weit auslaufende Treppe repräsentativer und besser zugänglich.

Wir lassen die Unterführung rechts liegen, gehen durch die Linden- in die Bahnhofstraße und befinden uns nach rund 400 Metern vor dem Bahnhof. Dabei haben wir linker Hand den Heiligenstädter Platz und die Rückseite des Marktplatzes passiert – Ende der 70er Jahre noch Standort der Klio-Werke – und einige Meter weiter, gegenüber dem Bahnhof, die Rückseite eines bis 1978 errichteten Warenhaus- und Einzelhandelskomplexes, an dessen Stelle bis dahin der Freiheitsplatz war.

Fabrikantenvilla der Mays Fabrik

Der Hennefer Bahnhof wurde 1859 mit Fertigstellung der Eisenbahnlinie durchs Siegtal errichtet. Bis heute ist er einer der wichtigsten Verkehrsknotenpunkte in Hennef. Nachdem die Bahn AG in den letzten Jahren mehr und mehr Bahnhofsgebäude verkauft hat, fand der Hennefer Bahnhofsbau 2005 ebenfalls einen neuen Eigentümer, der das mittlerweile arg mitgenommene Denkmal wieder in den Zustand von 1912 zurückversetzt hat; vor allem die beiden historischen Rundbogenfenster, hinter denen eine urige

Gaststätte im Brauhauscharakter zum Verweilen einlädt, sind heute wieder ein würdiger Blickfang. Lange Jahre waren sie verschwunden, an ihre Stelle hatte man in der Nachkriegszeit zwei normale, kleine Fenster und eine schmale Tür eingebaut.

Durch die Bahnhofstraße und schräg rechts über die Frankfurter Straße kommen wir an zwei Gaststätten vorbei zurück zum Horstmannsteg. Übrigens befand sich im Gebäude der heutigen Gaststätten „Sowieso" und „JaJa" früher das „Central-Kino". Im Sommer bieten sich die dortigen Biergärten für eine Rast an. Wer den sozusagen erweiterten Hennefer Zentralort erkunden will, muss von hier aus einen kleinen, aber lohnenden Fußmarsch auf sich nehmen.

Bahnhof Hennef um 1859

Gruss aus Hennef a. d. Sieg.

Von der Bergmannslust aus gesehen.

Ansichtskarte um 1907

Bahnhof mit Zug der Bröltalbahn 1906

Gruss aus Hennef a. d. Sieg.

Bahnhof.

129

WEITER IN DIE WARTH

Wir folgen der Frankfurter Straße nach Osten, überqueren den Bahnübergang und den Kreisverkehr und stehen nach 50 Metern vor einem der schönsten Gebäude der Stadt, dem „Dreigiebelhaus". Bis ins Jahr 1755 war hier die Warther Poststation der Linie Köln-Frankfurt. Der Posthaltervertrag mit „wernerus zu henneft", der am 22. März 1622 geschlossen wurde, ist das älteste Postdokument der Thurn und Taxisschen Postlinie im Rhein-Sieg-Kreis. Die Postverbindung an der Fernhandelsstraße zwischen Köln und Frankfurt existierte bereits seit 1616 mit einer Station in Uckerath. Die Frankfurter Straße ist an dieser Stelle als einst bedeutsame Fernhandelsstraße und einstige Bundesstraße kaum mehr zu erkennen. Durch die Anbindung Hennefs an die Autobahn wurden die Verkehrsströme von hier abgelenkt auf die nördlich gelegene Straße An der Brölbahn. Erst ganz oben, wo die heutige Landstraße wieder auf die Bundesstraße trifft, und vor allem auf dem Weg nach und in Uckerath selbst, lässt das Verkehrsaufkommen keinen Zweifel an der auch heute noch wichtigen Funktion dieser Route.

Gegenüber dem Dreigiebelhaus sehen wir, imposant auf einer Anhöhe errichtet, die turmlose Pfarrkirche „Liebfrauen", die 2006 ihr 100jähriges Jubiläum feiern konnte. Daneben stand bis 1907 die Kapelle „Zum Heiligen Johann von Nepomuk", die 1690 von Werner de Warth, Posthalter und Schultheiß in Geistingen, gegründet worden war. Vor dem Dreigiebelhaus biegen wir in die Bonner Straße ein – auch dies eine Straße, deren einstige Bedeutung für Handel und Transport nur noch am Namen zu erkennen ist.

Im Verlauf der Straße überqueren wir den Hanfbach und kurz darauf die Wippenhohner Straße, die Verbindung nach Lanzenbach und Dahlhausen. Wir folgen der Bonner Straße rund 600 Meter bis zur Einmündung der Mittelstraße, an deren Ende wir zwei der jüngsten städtebaulichen Projekte in Hennef sehen können: den Place Le Pecq, benannt nach der französischen Partnerstadt Le Pecq sur Seine nahe Paris, und das Park-and-Ride-Parkhaus Hennef-Mitte. Der Platz präsentiert sich als modernes und urbanes Entreé ins Zentrum, wenngleich er neben dem Parkhaus und den noch weitgehend freien Entwicklungsflächen vorerst recht verloren wirkt. Bis Anfang 2006 war hier nichts weiter als ein wilder Parkplatz. Die Fußgängerrampe zur Bahnunterführung war unansehnlich und dunkel. Jetzt setzt der Platz mit seiner eleganten Treppenanlage einen architektonisch anspruchsvollen Meilenstein für die weitere Entwicklung in diesem Bereich der Stadt.

Diese Treppe nutzend gelangen wir nach wenigen Schritten wieder vor den Bahnhof und ins Zentrum, wo zahlreiche Lokale die Möglichkeit für einen schmackhaften Abschluss dieser Tour bieten.

Fabrik landwirtschaftl. Maschinen.   Eisengiesserei.

Joseph Meys & Comp. G.m.b.H.

Telegr.-Adr: MEYS COMPAGNIE
Fernsprech-Anschluss N

GIRO-KONTO:
Deutsche Bank Filiale Cöln, Cöln.
Postscheckkonto Cöln No. 2640.

K. K. Postsparkassenkonto Wien No. 105044.

Hr.

Codes { A.B.C. 5th edition
        { Western Union

Hennef a. d. Sieg, den   2. Dezember 191

Station der Köln-Giessener Eisenbahn.

INDUSTRIALISIERUNG, CHRONOS-WAAGE UND DIE MEYS FABRIK

Vor dem Beginn der Industrialisierung lebte die Hennefer Bevölkerung vorwiegend von der Landwirtschaft. Das Handwerk, beispielsweise Webereien in Geistingen und Blankenberg, hatte untergeordnete Bedeutung. Ein wichtiger Erwerbszweig war nach der Mitte des 19. Jahrhunderts der Erzbergbau. Silber, Zink, Zinn und Eisen wurde in den Gruben Gottessegen bei Dambroich, Bergmannslust am Steimelsberg in Hennef, Altglück bei Hanfmühle, Silistria bei Kurenbach und Ziethen bei Weingartsgasse gefördert. Zur Herstellung von Petroleum wurde in mehreren Gruben bei Rott Blätterkohle abgebaut. Konkurrenz aus dem Ausland und mangelnde Wirtschaftlichkeit führten im Laufe der Zeit zur Stilllegung sämtlicher Gruben. Lange war auch der Weinbau als Wirtschaftszweig wichtig, ging jedoch Anfang des 20. Jahrhunderts unter anderem durch die Konkurrenz der Löhne in der Industrie und im Dienstleistungssektor völlig verloren.

Klio-Werk 1965, rechts unten: Sparkassenerweiterung im Bau

Hennefer Maschinenfabrik C. Reuter & Reisert im Bau 1881

Belegschaft der Hennefer Maschinenfabrik C. Reuter & Reisert 1884

Ab 1869 hielt die Industrialisierung in Hennef Einzug. In diesem Jahr gründete Carl Reuther die „Reuther & Co., Landwirtschaftliche Maschinenfabrik Hennef". 1878 folgte der ehemalige Schlossermeister Johann Steimel und begann in seinem Unternehmen „Johann Steimel Maschinenfabrik" zwischen der Frankfurter und der Steinstraße mit der Produktion landwirtschaftlicher Maschinen und Geräte, später auch von Zentrifugen. Im Jahr darauf gründete Johann Friedrich Jacobi eine Eisengießerei direkt hinter dem Hennefer

Bahnhof und Philipp Löhe gründete eine Firma, die neben Fahrrädern und landwirtschaftlichen Maschinen hauptsächlich Waggons für die Bröltalbahn baute. 1881 gründete Joseph Meys an der Beethovenstraße die „Joseph Meys & Comp., G.m.b.H., Landwirtschaftliche Maschinenfabrik und Eisengießerei". Zunächst stellte Meys Geräte für die Ernte und Futterverarbeitung her, ab den 1890er Jahren auch Zentrifugen, die die Verarbeitung der Milch auf kleinen Höfen wesentlich erleichterten.

Produktions- und Montagehallen der Hennefer
Maschinenfabrik C. Reuter & Reisert, 1910

Waschmaschinen der Wäschereimaschinenfabrik
Löhe & Dr. Ross, 1951

Villa Riesert, Frankfurter Straße, vor 1930. Im Zuge der Ortskernsanierung 1974 abgerissen. Heute Stadtsoldatenplatz

Löwenkopfemblem an der Villa der Mays Fabrik

War das alles für die so genannte Gründerzeit ein ganz normaler Boom, wurde es Anfang der 1880er Jahre revolutionär: Zunächst gründeten Carl Reuther und Eduard Reisert die „Hennefer Maschinenfabrik Carl Reuther und Reisert". Zwei Jahre später, 1883, erfanden Reuther und Reisert die erste automatische, eichfähige Waage der Welt, die am 12.4. von der Kaiserlichen Normal-Aichungs-Commission in Berlin zugelassen wurde. Mit der Erfindung dieser so genannten „Chronos Waage" gingen 9.000 Jahre Hand-Verwiegung von losen Schüttgütern zu Ende und das Zeitalter der automatischen Waagen begann.

Fast alle diese Unternehmen sind in der zweiten Hälfte des 20. Jahrhunderts verschwunden. Zu Beginn des 21. Jahrhunderts existiert an Ort und Stelle nur noch die Gründerzeitfirma „Steimel", deren Gebäude jeder kennt, der schon einmal durch Hennef gefahren ist.

In der Fabrik von Joseph Meys gingen 1980 die Lichter aus, danach stand das Fabrikgebäude zehn Jahre leer – es war beinahe eine ausgemachte Sache, es abzureißen. Dann entschlossen sich die Lokalpolitiker jedoch dazu, das mittlerweile hinfällige Gebäude zu renovieren und ganz neu zu nutzen. Eine aufwändige und teure Maßnahme, die sich gelohnt hat. Seit 1990 beherbergt die „Meys Fabrik" das Stadtarchiv, die Stadtbibliothek und dient mit ihrem großen Saal für Konzerte und Theater sowie als Tagungsort für die Sitzungen des Stadtrates. Außerdem fand die Hennefer Feuerwehr im rückwärtigen Teil des Gebäudes ein neues Domizil. Im Foyer sind einige historische Maschinen und Plakate vom Beginn und aus der großen Zeit der Industriegeschichte Hennefs ausgestellt.

Villa Reuter und die alte Fabrikhalle des Chronos-Werkes, heute ein Fitnessstudio

Rathaus und Ratssaal 1912. An der Stirnseite des Ratssaals ein Bild des Kaisers

Rathausneubau von 1999

RATHAUS HENNEF

Um zu verstehen, warum der Hennefer Rathausneubau für die Stadt so bedeutsam war,
muss man ein paar Jahre in die Vergangenheit zurückgehen. 1969 entstand die neue
Gemeinde Hennef aus den bis dahin selbstständigen Gemeinden Hennef, Lauthausen
und Uckerath. Alle drei Gemeinden hatten
natürlich auch eigenständige Gemeindever-
waltungen, keine hatte die Kapazitäten, die
Verwaltung der neuen Gemeinde in einem
Gebäude unterzubringen. In Hennef waren
Verwaltung und Gemeinderat beispielsweise im Historischen Rathaus untergebracht, das Rathaus der Gemeinde Lauthausen befand sich in Allner an der Siegburger
Straße. Für die neue Gemeinde bedeutete
das, dass die Gemeindeverwaltung über den
ganzen Ort verteilt war.

Als 1981 aus der Gemeinde die Stadt Hennef wurde, änderte sich das natürlich nicht: Bürgerinnen und Bürger mussten weiterhin kreuz und quer durch die Stadt fahren, je nach dem, welche Dienststelle sie besuchen wollten: In die Gartenstraße, wenn sie einen neuen Personalausweis benötigten, nach Allner, wenn sie einen Bauantrag stellen wollten, in die Dickstraße, wenn ein Knöllchen bezahlt werden musste, ins Historische Rathaus, wenn sie an einer Ratssitzung teilnehmen wollten … Mitte der 90er Jahre war die Stadtverwaltung auf sechs verschiedene Standorte im ganzen Stadtgebiet verteilt. Kurz: Es musste eine Lösung her. EIN Rathaus, nichts anderes. 1999 war es endlich soweit: Das nach Plänen des Kölner Architekten Peter Böhm für 20 Millionen Euro gebaute neue Rathaus nahm seinen Betrieb auf. Es steht in Teilen auf dem ehemaligen Chronos-Areal und schließt sich in seiner Architektur an die alte Chronos-Sheddachhalle an. Im Inneren findet der Besucher eine helle, zentrale Halle, die auf drei Geschossen Zugänge zu den Ämtern und Abteilungen bietet und zugleich für Ausstellungen genutzt wird. Auffälligstes Merkmal des Neubaus ist der Rathausturm über der Dickstraße, in dem ebenfalls Büros, vor allem aber drei Sitzungssäle untergebracht sind. Zusammen mit der übrigen Bebauung des Chronos-Areals ist das neue Rathaus zugleich ein weiterer Meilenstein im Langzeitprojekt Innenstadtsanierung, die Jahre zuvor mit dem Bau des Marktplatzes begonnen hatte.

Historisches Rathaus 2006

Rathausturm über der Dickstraße

NEUE MITTE MARKT

Nachdem Hennef 1969 in seinen heutigen Grenzen entstanden war, wurde augenfällig, dass der Stadt ein Zentrum fehlte. Hennef war nach wie vor ein Straßendorf, in dem sich Geschäfte und Wohnhäuser mit Fabriken abwechselten. Einen Marktplatz, wie in historisch gewachsenen Städten, gab es nicht, eine Innenstadt war nicht zu erkennen. Bereits 1969 beschloss man daher im Gemeinderat die Innenstadtsanierung, die sich mit allen Planungen, dem Erwerb der nötigen Flächen und deren Bebauung bis 1985 hinzog. Das Sanierungsgebiet erstreckte sich vom Rathaus im Norden bis zum Bahnhof im Süden und von der Lindenstraße im Westen bis zur Bahnhofstraße im Osten. Zuvor befanden sich an dieser Stelle die Klio-Werk

GmbH (eine Fabrik für Büromöbel, heute im Gewerbegebiet West), der Freiheitsplatz und die von Carl Reuther gestiftete Berufsschule (Vorläufer der heutigen Hennefer Dependance der Berufsschule des Rhein-Sieg-Kreises in der Fritz-Jacobi-Straße). Einzig die ehemalige Landwirtschaftsschule steht noch; in dem Gebäude gegenüber dem Bahnhofsparkhaus befindet sich heute eine Gaststätte.

140

Entstanden ist an dieser Stelle ein dichter Komplex aus Wohn- und Geschäftshäusern rund um den Marktplatz, der im November 1985 mit dem ersten Stadtfest eröffnet wurde und bereits ein Jahr später einen stetig wachsenden Wochenmarkt beherbergte. Heute können die Henneferinnen und Hennefer an drei Tagen in der Woche bei bis zu 30 Händlern einkaufen. Um sich die Dimension der Sanierung besser vorstellen zu können: Im neuen innerstädtischen Areal standen mit einem Mal 18.500 Quadratmeter Nutzfläche für Warenhaus, Läden und Gastro-nomie sowie 4.500 Quadratmeter für Büros und Praxen zur Verfügung.

1987 folgte die Neugestaltung des Bahnhofsvorplatzes, der nach Hennefs englischer Partnerstadt Banbury-Platz benannt wurde, und schließlich die komplette Umgestaltung der Frankfurter Straße bis 1990, deren auffälligstes Merkmal heute die Laternen im gepflasterten Mittelstreifen und die dichte Alleebepflanzung sind. Trotz Verkehr: Hier ist es immer ein wenig wie in einer Fußgängerzone.

Gruss aus

Restauration Wingen

BADE-ANSTALT.

Garten & Bade-Anstalt WINGEN

HENNE

[handwritten text] Hennef 13.6.98

„Garten- und Badeanstalt Wingen" im Hennefer Zentrum direkt an der Sieg. Die Badeanstalt wurde um die Jahrhundertwende für einige Jahre betrieben. Die Postkarte von 1898 an den „Lieben Walter" ist unterschrieben von der damaligen Betreiberin Cordula Wingen. Heute heißt die ehemalige „Restauration Wingen" an der Frankfurter Straße „Rotisserie Christine". Die malerische Mauer zur Sieg fiel um 1995 der Hochwasserschutzmauer zum Opfer.

Aussichten auf Hennef 1920 (oben) und 1930 (unten)

Heymershof, 2006

HÖFE IM ZENTRUM

In Hennef wimmelt es nur so von Höfen: der „Allner Hof" zwischen Allner und Weldergoven, das „Versuchsgut Wiesengut" in der Siegaue, der „Abtshof" in Geistingen (alle drei 1911 bis 1914 als Vorhöfe zu Schloss Allner durch die Cockerillsche Vermögens- und Gutsverwaltung erbaut), außerdem das „Gut Zissendorf" und der „Quadenhof" in Stoßdorf, um nur einige zu nennen. „Gut Quadenhof" ist eine der letzten Privat-Brennereien im Rheinland. Die Tourist-Info der Stadt Hennef bietet immer mal wieder Radwanderungen zu den historischen Hofanlagen an. Hinzu kommen in fast jedem kleineren Ort idyllische Hofanlagen, die heute meist als Wohnraum genutzt, zum Teil aber immer noch bewirtschaftet werden.

Entlang der Frankfurter Straße im Zentrum Hennefs finden wir vier weitere Hofanlagen auf engstem Raum, die man allerdings nur von außen besichtigen kann: den 1711 errichteten Lindenhof (Frankfurter Straße 123, Ecke Kaiserstraße), den Proffenhof (Frankfurter Straße 134, Ecke Beethovenstraße) aus dem 17. Jahrhundert und den Heymershof von 1790 (Frankfurter Straße 127, Ecke Steinstraße). Hinzu kommt die so genannte „Wasserburg" gegenüber dem Lindenhof (Frankfurter Straße 124).

Das Grundstück des Lindenhofes zog sich einst bis ans Ufer der Sieg. Die heutigen Besitzer bemühen sich unter großem Aufwand, die historische Bausubstanz so originalgetreu wie möglich zu erhalten, keine leichte Aufgabe, da sogar der Garten unter Denkmalschutz steht.

Lindenhof 1971

Lindenhof 2006

Im ebenfalls historischen Fachwerkanbau betreibt die Eigentümerin des Lindenhofes eine Kunstgalerie und lädt anlässlich von Ausstellungen in den wunderschönen Innenhof oder den traumhaften Rosengarten ein, in dem zahlreiche altenglische Rosensorten wachsen.

Der „Proffenhof" wurde im 17. Jahrhundert vom Landdinger (Landrichter) des Amtes Blankenberg Wilhelm von Wecus erbaut und später von der Familie von Proff übernommen, die zwischen 1660 und 1799 die Landdinger des Amtes Blankenberg stellten. 1880 ging der Hof in den Besitz der Kölner

Innenhof

Unternehmerfamilie Schmitz de Prèe über, 1911 in den der Hennefer Unternehmerfamilie Steimel, die bis heute Eigentümerin ist. Von den einstmals zwei Wirtschaftsflügeln des wunderschön hergerichteten Hofes ist nur noch einer erhalten. Besonders sehenswert ist die Einfahrt mit dem Rondell vor dem Haupteingang. Übrigens: Nach neuesten Recherchen durch das Beethovenhaus Bonn und das Stadtarchiv Hennef weilte Ludwig van Beethoven im Jahre 1781 als elfjähriger anlässlich einer Reise mit seinem Vater in Hennef und gab im Proffenhof eine Kostprobe seines Könnens.

Der Heymershof, 1790 vom späteren ersten Landrat des Siegkreises, Franz Joseph Scheven, erbaut, war von 1817 bis 1825 Sitz eben dieses Landrates und somit des Landratsamtes, zunächst des Kreises Uckerath, nach der Zusammenlegung der Kreise Uckerath und Siegburg ab 1820 des Siegkreises.

Proffenhof
2006

148

Erst fünf Jahre später wurde der Verwaltungssitz des Siegkreises nach Siegburg verlegt, wo er bis heute ist. Franz Joseph Scheven amtierte bis 1837 als Landrat.

Die so genannte „Wasserburg" steht auf dem Areal eines 1582 vom Rentmeister Gottert von Pohlheim errichteten älteren Gebäudes und wurde in der heutigen Form 1766 vom Amtverwalter des Amtes Blankenberg Heinrich-Josef Paeffgens errichtet, nach dem das

Heymershof, 1932

Heymershof, 1941

149

Gebäude im Volksmund lange „Paeffgens-Hof" hieß. Häufige Besitzerwechsel prägen die Geschichte dieses immer als Wohnhaus genutzten Bauwerkes, das zurzeit zu einer modernen Wohnanlage im historischen Gewand umgebaut wird. Teile des alten Wassergrabens sind nach wie vor zu sehen und sollen, wie man hört, nach Beendigung der Umbaumaßnahmen auch wieder mit Wasser gefüllt werden.

Neben dem modernen Geschäfts-Zentrum rund um den Marktplatz und der schön gestalteten Frankfurter Straße ist kaum etwas so stadtbildprägend für Hennef wie diese vier historischen Hofanlagen auf engstem Raum.

Wasserburg, Gartenseite an der Mozartstraße 1934

Frontseite der Wasserburg, 1935

Rentei der Wasserburg um 1900, abgerissen 1956, im Zuge der Verbreiterung der Frankfurter Straße

Heymershof 2006

Blick auf Geistingen im Jahre 1910.
In der Bildmitte Kloster, Klosterkirche und Pfarrkirche St. Michael.
Ganz links im Bild die Synagoge.
Im Hintergrund Siegburg mit dem Michaelsberg

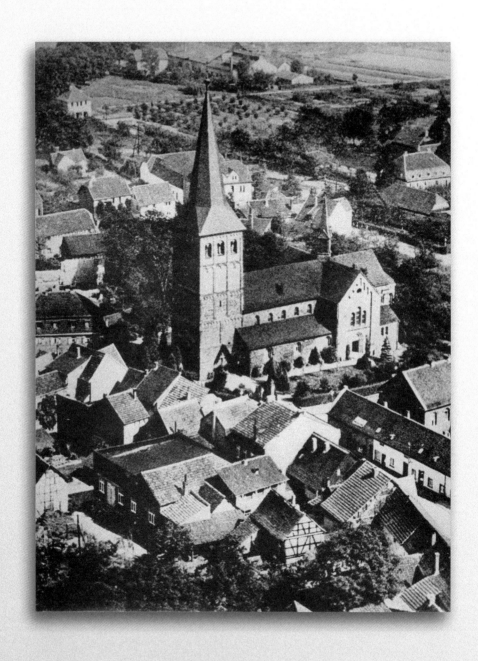

Die romanische Kirche St. Michael, aus dem 12. Jahrhundert wurde Ende des zweiten
Weltkrieges durch Fliegerbomben zerstört. (Foto 1945) Nach Urkunden war Geistingen
bereits 1064 selbständige Pfarrgemeinde.

Sportschule

Sövener Straße

Ehem. Synagoge

Kloster

Jüd. Friedhof

Kurpark

GEISTINGEN

Kirche

Bonner Straße

Kirche St. Michael

GEISTINGEN –
RUND UM KIRCHE,
SYNAGOGE
UND KLOSTER

GEISTINGEN
RUND UM KIRCHE, SYNAGOGE UND KLOSTER

Pfarrkirche St. Michael

Wir starten unseren Rundgang durch den traditionsreichsten Teil Hennefs an der Pfarrkirche St. Michael in Geistingen, die in der zweiten Hälfte des 12. Jahrhunderts als Pfeilerbasilika errichtet wurde. Der kunsthistorisch interessierte findet hier ein dreischiffiges, fünfjochiges Langhaus mit flacher Mittelschiffdecke, gratgewölbten Seitenschiffen und einem fünfgeschossigen vorgelagerten Westturm. Bis ins 11. Jahrhundert zurück ist Geistingen als selbstständiger Pfarrbezirk nachweisbar. Die alten Grabsteine an der Kirche dokumentieren, dass hier in früheren Zeiten Menschen beispielsweise aus Blankenbach, Lanzenbach, Stöcken, Kaldauen und Oberauel beigesetzt wurden. Die Pfarre Geistingen schloss bis ins 19. Jahrhundert die jetzigen Pfarreien und Seelsorgbezirke Rott, Westerhausen, Kaldauen, Braschoß, Seligenthal, Bödingen, Warth, Hermesmühle, Kurscheid, einige Häuser von Uthweiler, den Mühlenhof bei Siegburg, Heide, Schreck, Ober- und Nie-

derhalberg ein. Der Kirchbau steht mithin als Symbol für die einstige Bedeutung dieses Ortes, der außerdem der erste urkundlich erwähnte Hennefer Ortsteil ist: Für das Jahr 799 wird er als „Geistinge" im Namensverzeichnis einer Urkundensammlung des 16. Jahrhunderts erwähnt. Die mächtige Pfarrkirche wurde am 8. März 1945 durch einen Bombenangriff vollständig zerstört und von 1948 bis 1951 durch den

Blick auf Geistingen im Jahr 1992

Gedenktafel an der Ruine der Synagoge

Dombaumeister Willi Weyres aus Köln unter Einbeziehung der spärlichen älteren Reste wieder aufgebaut.

Der Bergstraße nach Süden bergauf folgend biegen wir in die Sövener Straße ein und finden nach wenigen Metern die Ruine der 1862 errichteten Geistinger Synagoge, die am 10. November 1938, also einen Tag nach der Pogromnacht zerstört und bis auf die Grundmauern niedergebrannt wurde.

Wir stehen hier an der Rückseite der Synagoge, die Vorderseite erreichen wir, indem wir zurück in die Bergstraße gehen und

Jüdischer Friedhof Geistingen

dieser einige Meter bergan folgen. Ein Schild weist den Weg in den ehemaligen Innenraum, eine Gedenktafel klärt über diesen Ort auf. Von der Bergstraße zweigt kurz oberhalb der Synagoge rechts die Hermann-Levy-Straße ab, in der sich der alte jüdische Friedhof befindet. Auf ihm steht ein 1986 errichteter Gedenkstein in Erinnerung an die ermordeten Hennefer Juden. Direkt hinter dem Friedhof führt ein schmaler Feldweg zur Straße Zur Lorenzhöhe, der wir weiter nach Süden folgen. Nach Norden haben wir einen sehr schönen Ausblick auf Geistingen und Hennef.

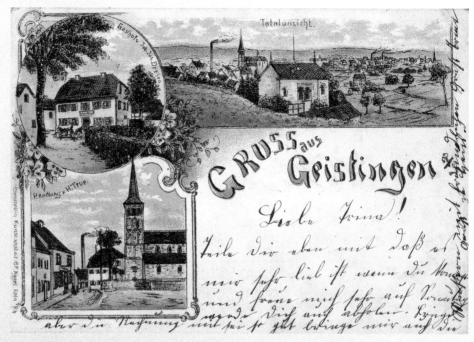

Postkarte um 1900

Nach gut 300 Metern kommen wir zur Straße Zum Haus Ölgarten und folgen ihr weiter. Hier befinden wir uns in einem Gebiet, in dem noch bis ins 19. Jahrhundert hinein Blätterkohle abgebaut wurde. Überall entlang des Weges durch den Wald sehen wir kleinere Hügel und beinahe natürlich wirkende Erhebungen: die mittlerweile überwucherten Abraumhalden ehemaliger Bergwerke.

Im Zeitalter des Oligozän, vor 25 Millionen Jahren, befand sich an dieser Stelle ein riesiger See. Die in Jahrmillionen entstandene Blätterkohle enthielt zahlreiche pflanzliche und tierische fossile Überreste – Lorbeerblätter, Pfeifhasen, Nashorn, Kohlenschwein, Frosch –, so dass dieses Gebiet der Stadt Hennef in Wissenschaftskreisen als eine der bedeutsamsten Fossilienfundstätten weltweit gilt.

Am Haus Ölgarten folgen wir dem Weg nach Rott, biegen allerdings weit vor dem Ort nach rund einem Kilometer nach links ab und noch einmal links nach weiteren 150 Metern und wandern in Richtung Norden zurück nach Geistingen. Rechter Hand passieren wir den Weingartsberg, auf dem sich Teile der Anlagen der berühmten Hennefer Sportschule befinden. Hier haben wir geradeaus einen herrlichen Blick auf die Silhouette von Geistingen mitsamt Kirchturm und hinüber auf Weingartsgasse und Siegburg und rechts bis nach Allner und die Anhöhe von Bödingen.

Gasthaus „zur Glocke"

Zurück im Ort folgen wir der St.-Michael-Straße bis zum Ende und dann links herum der Sövener Straße, die bald in die Dürres-bachstraße übergeht. Entlang dieser Straße gehend sehen wir rechts das ehemalige Kloster der Redemptoristen, das 1902 gegründet und 2005 aufgegeben und verkauft wurde. Kurz hinter dem Kloster gehen wir links in die Kurhausstraße und stehen wieder vor der Kirche.

Um die Kirche herum kann man in der traditionsreichen Gaststätte „Zur Glocke" – einem traumhaftern Fachwerkbau mit schönem Biergarten – einkehren oder am nur wenige Meter entfernten Geistinger Platz Rast machen. Der Platz wurde in seiner heutigen Form im Jahre 2000 fertig gestellt und mit dem so genannten „Karnevalsbrunnen" des Hennefer Steinmetzehepaares Heller eingerichtet. Das Haus der „Glocke" ist das alte Gerichtshaus, in dem bis 1744 das Geistinger Landgericht seinen Sitz hatte. Nach der Überlieferung übernachtete in ihm 1811 auf dem Marsch nach Rußland

der napoleonische General Marschall Ney. Da das umliegende Land halb um den Kirchhof herum reichte, könnte es sich hier um das alte Königsgut mit Kirche aus einer Urkunde von 885 handeln, die als zweiter historischer Nachweis Geistingens gilt.

Karnevalsbrunnen in Geistingen

159

Kapellchen an der Ecke Bergstraße/Sövener Straße

Gaststätte und Pension
„Villa Waldfrieden" um 1912.
Auf der unteren Karte sieht man
am rechten Bildrand
die Synagoge

Der Grundstein für den Neubau
der evangelischen Kirche wurde
1894 gelegt.
Dieser Bereich der Beethovenstraße
war damals noch
Aussenbereich von Hennef.
Die Kirche stand auf der Wiese!

Das Kurhaus
in Hennef um 1930

(BAD) HENNEF:
EINE KURZE KNEIPP-GESCHICHTE

Seit 1972 ist es wissenschaftlich bewiesen: Hennef hat ein hervorragendes Klima, das sogar therapeutisch einsetzbar ist. Festgestellt haben das der Deutsche Wetterdienst Essen mit einem Klimagutachten und das Balneologische Institut Bad Lippspringe mit einer medizinisch-klimatologischen Untersuchung des Klimagutachtens (Balneologie ist die Lehre von der Wirkung der Heilbäder). Hennef war bereits seit 1960 durch den Wirtschaftsverband der Heilbäder und Kurorte als Kneipp-Kurort anerkannt, nach diesem erstklassigen Gutachten wird der Stadt 1976 überdies der Titel „Staatlich anerkannter Kneipp-Kurort" verliehen. Anfang der 80er Jahre ist es mit der Kurherrlichkeit aber schon wieder vorbei. Private Kurgäste ernähren einen Kurort kaum und als die Bundesversicherungsanstalt für Angestellte ihre Verträge kündigt, wird dem Hennefer Kurbetrieb schlagartig die wirtschaftliche Grundlage entzogen. Im Dezember 1984 verzichtet die Stadt auf den ehrenvollen, aber nutzlos gewordenen Titel.

24 Jahre Kneipp-Geschichte – mehr nicht? Ganz so kurz war die Sache denn doch nicht. Angefangen hatte alles in den ersten Jahren des 20. Jahrhunderts, keine zehn Jahre nach dem Tod Sebastian Kneipps 1897. Damals hatte sich eine Kommission für die Errichtung eines Kneippschen Kurortes in Nordwestdeutschland gebildet, die sich 1909 für

162

Hennef-Geistingen als Standort entschied. Daraufhin wurde 1910 die Kurhausgenossenschaft ins Leben gerufen und am 30. Juni 1912 konnte das „Kurhaus Sebastian Kneipp" eingeweiht werden. Es blieb bis in die 70er Jahre der einzige derartige Betrieb in der Stadt – allerdings mit Unterbrechungen, da es zeitweilig geschlossen war, vor allem in Folge der beiden Weltkriege. In den 70er-Jahren wurde das Kurhaus erweitert, beispielsweise um ein Hallenbewegungsbad 1972 und einen Erweiterungsbau mit 33 Zimmern inklusive moderner Kneipp-Badeabteilung 1976.

Kurgäste um 1914

Parallel dazu entstanden weitere Kureinrichtungen, und die Gemeinde Hennef baute vor allem mit Zuschüssen aus der Kurortförderung des Landes NRW den Kurbetrieb an allen Ecken und Enden aus: Kurpark „Auf dem Eschenberg" mit Musikpavillon und zwei Wassertretstellen; Vergrößerung des Kurparks; Schließung des Freibades; Umbau der Umkleidekabinen des Schwimmbades zum „Haus des Gastes"; Umgestaltung der Kurhausstraße zur Kurpromenade; Pflasterung der Kurparkstraße. Kurz und gut: „Bad" Hennef schient greifbar.

All das war nichtig, nachdem sich die Bundesversicherungsanstalt für Angestellte zu-rückgezogen hatte. Der Kurortbetrieb wurde eingestellt, die Kurtaxe abgeschafft, die Zuwendungen des Landes für Kurorte aus dem Gemeindefinanzierungsgesetz entfielen. Wenigstens musste die Stadt frühere Zuschüsse nicht zurück bezahlen. Was bleibt, sind der sehenswerte Kurpark, die Kurhauspromenade und die 1977 zunächst als Kureinrichtung geplante Eschenberg-Wildpark-Klinik mit dem oberen Kurpark, der einen schönen Blick über Hennef bietet. Es bleiben die Erinnerungen an die Kurparkfeste, das Kurhaus, das heute eine Seniorenresidenz ist, und natürlich das gesunde Hennefer Klima, therapeutisch wirksam und balneologisch anerkannt.

Kurpark in Hennef um 1930

Der Kurpark im Jahre 2005

Klosterbibliothek mit 180.000 Büchern – heute nicht mehr vorhanden

100 JAHRE KLOSTER GEISTINGEN

Kaum mehr als 100 Jahre währte die Geschichte des Redemptoristenklosters in Geistingen. Lange Jahre diente es vor allem der Ausbildung des Priesternachwuchses. Nachdem sich die Redemptoristen bereits ab dem 18. Jahrhundert über Italien und die Alpen hinaus nach Norden ausgebreitet hatten, gründeten sie 1859 die Niederdeutsche (heute: Kölner) Provinz. Ab 1898 nutzten sie ihr Kloster in Trier als Seminar und Hochschule für den Priesternachwuchs. Bald stellte sich heraus, dass das Haus für diese Zwecke unzureichend war, und die Provinzleitung begann mit der Suche nach einem geeigneten Standort für einen Neubau.

Die Wahl fiel Anfang des 20. Jahrhunderts auf die damalige Gemeinde Geistingen, wo die Provinz ein Gelände von rund 19 Morgen mit der Flurbezeichnung „Am Eschenberg"

erwarb. Der Erzbischof von Köln erteilte seine Zustimmung zum Neubau, Kultusministerium und Innenministerium in Berlin leisteten jedoch erhebliche Widerstände, die erst durch intensive Verhandlungen überwunden werden konnten. Am 18. Februar 1902 schließlich genehmigte die preußische Regierung ein neues Redemptoristenkloster in Geistingen „zum Zwecke der Aushülfe in der Seelsorge und der Errichtung eines Studienhauses für die eigenen Ordensmitglieder". Planung und Leitung des Neubaus hatte der Kölner Architekt Theodor Roß, der kurz vorher bereits die Pfarrkirche St. Simon und Judas in Hennef erbaut hatte. Ende August 1903 war das Kloster bezugsfertig, die feierliche Eröffnung fand am 8. September 1903 statt. Anschließend machte man sich an einen Kirchenneubau, der am 15. September 1904 in Dienst genommen wurde. Der West-Ost-Flügel des Klosters mit Küche und der Speisesaal waren 1911 fertig, der große Bibliotheksraum 1912.

Am 2. Juli 1941 wurde das Kloster vom NS-Regime beschlagnahmt und enteignet. Geplant war zunächst eine Führerschule, die Stadt Köln erreichte jedoch, dass ihr das Haus überlassen wurde, um die Bewohner des Waisenhauses „Elisabeth-Breuer-Stift" (Köln-Mülheim) dort unterzubringen. Die US-Armee gab später an, dass die Anwesenheit von Weisenkindern der Grund war, warum das Gebäude von Bomben verschont geblieben war. Ende Juni 1945 konnten die Lehrveranstaltungen an der Hochschule wieder aufgenommen werden.

Seit 1969 bildete die Hochschule nicht mehr nur Ordensmitglieder aus, sondern auch Laien. 1982 schließlich erteilte die Kongregation für das katholische Bildungswesen in Rom der Hochschule die Genehmigung, den Diplomstudiengang „Katholische Theologie" einzurichten. Ab 1983 war die Hochschule staatlich anerkannt, wenige Jahre später ging

Blick auf das Kloster um 1920

die Zahl neuer Ordensstudenten jedoch zurück, so dass der Lehrbetrieb aus finanziellen und personellen Gründen ab 1996 eingestellt wurde. Anfang 2000 war der Rückgang des Nachwuchses dann so gravierend, dass die Redemptoristen das Kloster nicht mehr aus eigener Kraft betreiben konnten: Man entschloss sich zum Verkauf von Kloster und Kirche an private Investoren, die dort Eigentumswohnungen und in der Kirche einen Ort für physiotherapeutische Behandlungen errichten. Am 8. Januar 2006 feierten die Redemptoristen unter großer Beteiligung der Hennefer Bevölkerung zum letzten Mal eine Heilige Messe, nach der Messe wurde die Kirche profaniert, das heißt: aus der Kirche wurde ein weltliches Gebäude. Zum großen Bedauern der Geistinger, die die seelsorgerischen Dienste der Patres immer gerne in Anspruch genommen hatten. Immerhin hatten sie 1906 beim Kölner Erzbischof und beim Geistinger Pfarrer, der Konkurrenz fürchtete, durchgesetzt, dass die Brüder in der Klosterkirche frei zugängliche Gottesdienste feiern durften.

Nach der Auflösung des Klosters wurden die 180.000 Bücher der legendären Bibliothek und die Kunstschätze der Kirche in alle Welt verstreut; viele natürlich in andere Redemptoristenkloster. Ein ganz besonderes Stück ist heute jedoch im Historischen Rathaus der Stadt zu besichtigen: die Madonnina, eine 1960 entstandene, verkleinerte Nachbildung der Goldenen Madonna auf dem Mailänder Dom. Weltweit existieren nur sieben solcher Kopien.

Klosterbau 1903

Blick von den Dreikaiser-Eichen aus.

Gruss aus Geistingen a. d. Sieg.

Blick auf Synagoge (r.) und Pfarrkirche St. Michael

Verlag von P. Stross jr., Hennef a. d. Sieg.

DIE JÜDISCHE GEMEINDE IN GEISTINGEN

Bis ins Mittelalter sind Juden im heutigen Gebiet Hennefs nachweisbar, vor allem in Stadt Blankenberg, wo es der Überlieferung zufolge sogar ein jüdisches Wohnviertel gegeben hat, genannt „Im Judenhöfchen". Überall dort, wo Juden nachgewiesen werden können, kann auch deren Verfolgung nachgewiesen oder mindestens vermutet werden. Eine Volkszählung im Jahr 1828 ergab für den Bereich der Bürgermeisterei Hennef 4.624 Einwohner, davon 4.536 Katholiken, 14 Protestanten und 74 Juden, für den Bereich der Bürgermeisterei Lauthausen 3.075 Einwohner, davon 3.023 Katholiken, 19 Protestanten und 33 Juden, und für den Bereich der Bürgermeisterei Uckerath 3.009 Einwohner, davon 3.000 Katholiken, 1 Protestant und 8 Juden. Zwar waren die Juden im Bereich der heutigen Grenzen Hennefs verstreut, ein besonderes Zentrum jüdischen Lebens bildete sich jedoch in Geistingen, wo 1862 die Geistinger Synagoge

auf einem Grundstück zwischen Bergstraße und Sövener Straße und um 1886 der jüdische Friedhof an der heutigen Hermann-Levy-Straße eingerichtet wurden.

1864 wurden, dem Statut für die Synagogengemeinde aus dem gleichen Jahr folgend, die Spezialsynagogengemeinden Geistingen

Synagoge mit Thoraschrein um 1912

und Uckerath gegründet, die 1887 zu Geistinger Gemeinde vereinigt wurden. Das Gebiet der Spezialsynagogengemeinde Geistingen reicht bis nach Eitorf. Juden sind in Geistingen normaler Teil des dörflichen Lebens, spielen in der Gründungsmannschaft der TURA 1916 und sind im Geistinger Löschzug aktiv. Ihre Synagoge ist eine weithin sichtbare Landmarke, Geistinger Juden kämpfen als glühende Patrioten im Ersten Weltkrieg. All das konnte auch sie nicht vor der Verfolgung durch die Nationalsozialisten retten.

1938 wird einen Tag nach der Pogromnacht, also am 10. November, die Synagoge der jüdischen Gemeinde zerstört und bis auf die Grundmauern niedergebrannt. Die männlichen Juden der Gemeinde werden verhaftet. Hauptverantwortlicher in Hennef: Der damalige Hennefer Bürgermeister und NSDAP-Ortsgruppenleiter Heinz Naas (Geistingen war seit 1934 keine eigenständige Gemeinde mehr, sondern Teil der Gemeinde Hennef), der am Morgen des 10. November sehr ungehalten darüber ist, dass die Synagoge nicht schon am Vorabend zerstört wurde.

Jüdischer Friedhof in Geistingen. Links die Gedenksäule in Erinnerung an die ermordeten Geistinger Juden

In den Folgejahren werden die Hennefer Juden, wie alle Juden in Deutschland, von den Nationalsozialisten erkennbar planvoll gejagt und deportiert, bis Bürgermeister Naas 1942 in den Akten vermerken kann: „Inzwischen sind alle Juden nach dem Osten evakuiert worden." 1943 schänden unbekannte Täter zudem den jüdischen Friedhof, werfen die Grabsteine um und beschädigen sie zum Teil massiv.

Fast alle der 1938 in Hennef noch lebenden rund 60 Hennefer Juden kommen in der Shoa ums Leben. Einige können fliehen, so Sally Isaak, geboren 1922 in Geistingen, 1939 nach England. 1979 errichtet die Stadt Hennef – heute Eigentümerin der Synagogenruine – einen Gedenkstein unterhalb der Mauerreste der Synagoge, 1986 folgt ein Gedenkstein auf dem Jüdischen Friedhof. Seit 2001 kann man im Rathausneubau eine Dauerausstellung besuchen, die an die Geschichte der jüdischen Gemeinde Hennef-Geistingen erinnert. Die Ausstellung zeigt ein Modell der Geistinger Synagoge, ein Modell des Thoraschreins, sechs Fotos der Synagoge und des jüdischen Gottesdienstes, eine Zeittafel zur Geschichte der jüdischen Gemeinde Geistingen und die Liste der ermordeten Hennefer Juden.

SPORTSCHULE HENNEF

Seit ihrer Eröffnung 1950 ist sie eines der prominentesten Aushängeschilder der Stadt: Die Sportschule Hennef des Fußball-Verbandes Mittelrhein e.V. zwischen Geistingen und Söven, am Hang des Weingartsberges. Bis heute legendär ist der Besuch der späteren Fußballweltmeister um Trainer Sepp Herberger Anfang der 50er Jahre. Auch in den Jahren nach dem "Wunder von Bern" waren Herberger und seine Jungs oft zu Gast. Seitdem haben zahlreiche renommierte Mannschaften die Hennefer Atmosphäre genossen, Bundesligavereine ebenso wie die Beckenbauer-Elf in Vorbereitung auf die Weltmeisterschaft 1990, die sie bekanntlich gewann. Auch der 1. FC Köln und Bayer Leverkusen sind seit Jahren Stammgast in Hennef, wenngleich zumindest die Geißböcke dieser Tage dem Erfolg

etwas hinterher rennen. Auch international hat die Sportschule ihren guten Ruf immer wieder beweisen, zuletzt als Gastgeber der argentinischen Nationalmannschaft während des Confederation Cups 2005.

Im Volksmund wird die Sportschule zuweilen „Fußballschule" genannt. Das beschreibt das Angebot dieser Einrichtung an der Sövener

Straße allerdings nur unzureichend: Die Sportschule ist Bundesleistungszentrum für Boxen und Ringen. Zuletzt unter anderem zu Gast: die kubanische Box-Junioren-Nationalmannschaft. Der berühmte „Kran von Schifferstadt", Wilfried Dittrich, bereitete sich in Hennef auf olympisches Ringer-Gold vor. Die Ringerhalle gehört zu den besten derartigen Trainingseinrichtungen weltweit. Außerdem ist hier das Landesleistungszentrum für Gewichtheben und Judo.

Sportschule um 1950

Sportschule F.V.M. Hennef-Sie

Weitere Angebote: Karate, Taekwondo, Fitness und Schwimmen. In der dreigeschossigen Halle, die 2000 eingeweiht wurde, stehen Räume für alle denkbaren Ballsportarten zur Verfügung, außerdem ein aufwändiger Saunabereich und moderne Fitnessgeräte. Im Außenbereich befinden sich vier Rasenfußballplätze und ein Kunstrasenplatz.

Im Frühjahr 2006 wurde die Sportschule für 6,8 Millionen Euro erweitert: 20 neue Zimmer, die auch den verwöhntesten Fußballprofis gerecht werden, und ein komplett neuer Eingangsbereich sind entstanden. Fußballprofis sind allerdings nicht die wichtigsten Gäste der Sportschule, die fast ganzjährig an allen Wochenenden hauptsächlich mit Vereinssportlern aller Altersgruppen aus ganz Deutschland ausgebucht ist. Hinzu kommen Trainerlehrgänge, mit denen schon so mancher bekannte Sportler seine zweite Karriere begonnen hat.

Fachwerkhäuser an
der Hauptstraße von Dammbroich

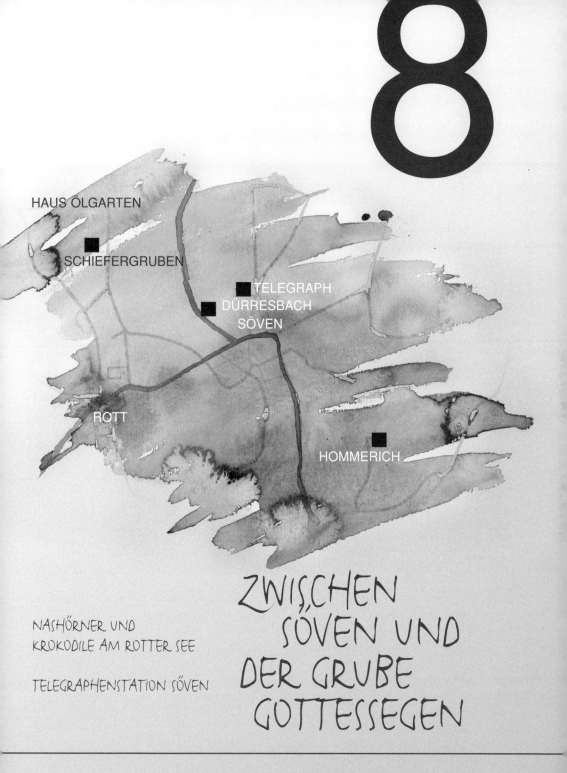

8

HAUS ÖLGARTEN

SCHIEFERGRUBEN

TELEGRAPH
DÜRRESBACH
SÖVEN

ROTT

HOMMERICH

ZWISCHEN
SÖVEN UND
DER GRUBE
GOTTESSEGEN

NASHÖRNER UND
KROKODILE AM ROTTER SEE

TELEGRAPHENSTATION SÖVEN

175

ZWISCHEN SÖVEN UND DER GRUBE GOTTESSEGEN

Diese Tour beginnt am Haus Dürresbach, wo man gut parken und zu Fuß oder auf mitgebrachten Fahrrädern starten und am Ende einkehren kann. Wir gehen von Haus Dürresbach entlang der Sövener Straße Richtung Söven bis an die Oberpleiser Straße, an der wir links abbiegen, um nach wenigen Metern gleich wieder links in die Straße Steinenkreuz abzuzweigen. Am Ende der Straße kurz vor der Ortsgrenze geht es in die Straße Am Telegraph, in der wir linker Hand gut sichtbar den 1833 erbauten optischen Telegraphen finden, der einzige Sichttelegraph, der baulich nahezu im Original erhalten ist: Station 54 der militärischen Telegraphenverbindung zwischen Berlin und Koblenz.

Kleiner Abstecher: Wir gehen die Straße Steinenkreuz geradeaus weiter und folgen dem Weg zwischen Feldern, Baumschule und Pferdekoppel. Zum einen haben wir hier einen guten Ausblick sowohl nach Westen wie nach Osten. Zum anderen können wir, in Richtung Ort blickend, den die Wohnhäuser deutlich überragenden Telegraphen sehen. Und schließlich befinden wir uns hier an der östlichen Grenze des Golfplatzes, dessen westliche Grenze wir im Verlauf dieses Rundganges ebenfalls noch passieren werden.

Am Ende der Straße Steinenkreuz, gegenüber dem Weg, den wir soeben für einen kur-

Pfarrkirche St. Mariä Heimsuchung in Rott

zen Abstecher genutzt haben, kommen wir in die Felderhauser Straße und genießen hier die teilweise unverbaute Aussicht in Richtung Osten über den Finkelsberg bis nach Bödingen auf der anderen Siegseite. Der Ausblick begleitet uns auch weiter auf der Oberpleiser Straße bis wir am Ortsausgang links in die letzte Straße in Söven abbiegen und der Blankenbacher Straße in den Fronhof bis zur Rotter Straße folgen. Entlang dieser Passage haben wir über weite Strecken einen freien Blick auf das Blankenbacher Tal über Dambroich und Birlinghoven und bis zum Siebengebirge. Vor allem der Ölberg mit seiner steil in den Himmel ragenden Antenne, der in dieser Region Hennefs ein ständiger Blickfang ist, ist beeindruckend. Im Übrigen haben wir in diesen Straßen auch die Gelegenheit zu beobachten, wie liebevoll die Hennefer ihre Häuser, Gärten und Straßen hegen und pflegen. Am Feuerwehrhaus der Löschgruppe Söven – gegenüber der Grundschule mit der neuen Sporthalle, ein 2005 fertig gestellter, lange gehegter Traum der Sövener – gehen wir links weiter über die Dambroicher Straße

nach und durch Rott. Auch hier fallen die schön gepflegten Gärten auf und die in ganz Hennef präsenten und gut erhaltenen Fachwerkhäuser. In Rott-Mitte bietet sich eine kurze Rast an der Pfarrkirche St. Mariä Heimsuchung an, deren hoher Glockenturm uns seit der Blankenbacher Straße Wegweiser war. Am Ortsausgang von Rott sehen wir rechts einen der vielen Hennefer Fachwerkhöfe, ein Blick in den idyllischen Innenhof lohnt!

Blick von Rott ins Tal in Richtung Siebengebirge

Postkarte um 1900

Wer keinen Wert auf einen Abstecher legt, kann hier umkehren oder über die Ölgartenstraße oder Zur Geistinger Mark zurück nach Söven gehen oder radeln. Wer noch einen längeren Marsch durch den Wald anschließen möchte, folge der Dambroicher Straße weiter bis ins Tal. Wenn man nach einigen Schritten an einer Stelle stehen bleibt, die einen freien Blick nach Norden ermöglicht, sollte man inne halten: Das Tal, in das wir hier blicken, war vor 25 Millionen Jahren ein riesiger See. Von Haus Dürresbach bis Haus Ölgarten und hoch nach Rott und Söven lag der Rotter See, dessen Überreste heute in Form von Blätterkohle tief im Erdboden zu finden sind, die noch bis ins 19. Jahrhundert hinein abgebaut wurde. Bei der folgenden Passage unserer Tour werden wir das Areal der ehemaligen Grube Gottessegen umrunden und durchqueren, eines der vielen versteckten Zeugnisse der langen Bergbautradition Hennefs. Ähnlich der Wanderung rund um Geistingen, die sich in Teilen mit dieser Wanderung überschneidet, fallen auch hier die überwucherten und laubbedeckten Abraumhalden im Wald auf, ansonsten kann der Laie die ehemalige Grube jedoch nicht erkennen.

Kurz vor dem Ortseingang Dambroich finden wir rechter Hand einen kleinen Wanderweg in Richtung Wald. Ab hier sollte man sich auf ein teilweise unwegsames Gelände einstellen und gegebenenfalls eine Wanderkarte und Wegweiser zu Rate ziehen. Ziel ist die Verbindungsstraße zwischen Haus Ölgarten und Rott und weiter zwischen Geistingen und Rott, Teil des südlichen Sieghöhenweges. Hier folgen wir dem Weg nördlich in Richtung Geistingen und gehen ent-

lang der besagten westlichen Grenze des Golfplatzes. Noch vor dem Weingartsberg biegen wir rechts in Richtung Osten ein und
folgen dem Weg, der nach einigen Hundert
Metern auf die Sövener Straße trifft. Rechts
die Straße hoch gehend kommen wir bald
zurück zum Ausgangspunkt Haus Dürresbach, wo die Clubgastronomie zur wohlver-
dienten Rast einlädt.

Die Hofanlage von Haus Dürresbach
beherbergt heute einen Gastronomiebetrieb,
eine Boutique und große Stallungen für Pferde.

Hinter dem Hof
von Haus Dürresbach betreibt
der Golfclub Rhein-Sieg e.V.
einen 18-Lochplatz

181

NASHÖRNER UND KROKODILE AM ROTTER SEE

Fächerpalme (Sabal)

Ein Klima wie auf Teneriffa. Spiegelglatt liegt ein See in der Landschaft, leise plätschert Wasser ans Ufer. Birken, Buchen, Ulmen, Palmen und Zypressen stehen bis dicht ans Wasser. Hier und da trampelt ein kurzbeiniges Nashorn durchs Gebüsch, Krokodile räkeln sich in der Sonne, Honigbienen summen geschäftig, ein Palaeobatrachus diluvianus hüpft schwerfällig vorbei, Bärenhunde schleichen Beutetieren hinterher. Wir befinden uns in Hennef-Rott, genauer gesagt irgendwo zwischen den Orten, die man heute Rott und Geistingen nennt. Es ist die Epoche des Oligozän, die vor 38 Millionen Jahren begann und vor 25 Millionen Jahren endete. Die Erde sieht merklich anders aus, die Alpen und die Rocky Mountains entstehen gerade, das heutige Europa ist größtenteils von Wasser bedeckt. Auf dem Grund des Rotter Sees liegt sauerstoffarmer Faulschlamm, der Blätter und verendete Tiere in sich aufsaugt und konserviert.

Rund 25 Millionen Jahre später ist aus dem Faulschlamm und all den darin eingeschlossenen Wesen Ölschiefer geworden – auch Blätterkohle oder Papierschiefer genannt. Anfang des 19. Jahrhunderts entdecken Bergarbeiter, die den Ölschiefer 20 bis 30 Meter unter der Erdoberfläche abbauen, erstmals Versteinerungen. Schnell zeigt sich, dass sie eine Fossilienlagerstätte gefunden haben, die ihresgleichen sucht. Im Laufe der Jahrzehnte fördern Wissenschaftler mehrere Tausend Fundstücke zutage, darunter viele äußerst seltene Fossilien und Doppelfossilien. Zum Beispiel Libelleneier auf einem Lorbeerblatt, das Skelett eines Pfeifhasen, ein Nashorn, ein Kohlenschwein, ein Krokodil und den Frosch Palaeobatrachus diluvianus. Insgesamt können an dieser bedeutenden Fundstätte 900 verschiedene Tier- und Pflanzenarten, darunter 630 Insektenarten nachgewiesen werden.

1 cm

Sapotengewächs (Dipholis)

Eine 25 Millionen Jahre alte Biene

Heute kennt jeder Paläontologe auf der Welt den kleinen Ort Rott. Für die meisten allerdings liegt Rott „am Rande des Siebengebirges" oder „nahe Bonn". Natürlich liegt er vor allem in Hennef. Da, wo einst der besagte See war, putten, pitchen und schlagen dieser Tage Golfspieler kleine weiße Bälle oder joggen durch den Wald – was man im Holozän, wie Geologen unsere Epoche nennen, eben so macht. Die Rotter Funde kann man in den Museen der Welt besichtigen, so zum Beispiel im Natural History Museum in London, im Los Angeles County Museum, im Goldfuß-Museum des Instituts für Paläontologie der Universität Bonn oder im Siegburger Stadtmuseum.

Einer der eifrigsten Sammler Rotter Fossilien war der Kölner Lehrer Georg Statz, dessen Nachkommen 1954 seine Sammlung nach Los Angeles verkauften: 3.500 versteinerte Insekten und 2.300 fossile Pflanzenreste, insgesamt 5.800 Fossilien. Seit einigen Jahren befinden sich 2.500 dieser Fossilien der Statz-Sammlung wieder in unserer Region und können im Bonner Goldfuß-Museum besichtigt werden.

Die Schutthalden der Bergbaugruben rund um Rott sind bis heute erhalten und stehen als Landschaftsdenkmäler unter Schutz. Graben, wie Georg Statz das tat, ist hier nicht mehr möglich. Man kann nur vorbeispazieren und sich vorstellen, wie es damals, vor 25 Millionen Jahren war, mit Krokodilen am Seeufer, Nashörnern, die ihre dicke Haut an Zypressen reiben, und den längst ausgestorbenen Bärenhunden.

Hinterfuß eines Krokodils (Diplocynoden)

183

TELEGRAPHENSTATION SÖVEN

In Söven findet man ein echtes Schätzchen der Kommunikationsgeschichte: den 1833 errichteten optischen Telegraphen. Er ist Station 54 der militärischen Telegraphen-linie mit insgesamt 61 Stationen zwischen Berlin und Koblenz. Die Sövener Telegraphen-station lag zwischen den Stationen Telegra-phenberg Troisdorf, Mauspfad – Nummer 53 – und Eudenbach Sauerwiese – Num-mer 55. Sie zeigt heute als einzige des Rhein-landes noch den ursprünglichen Baubestand. Vor der Elektrifizierung war der optische oder Sicht-Telegraph die schnellste Methode der Kommunikation.

Telegraphenstation um 1940

Postkarte um 1900

Das Prinzip war denkbar einfach: Von einem Telegraphen hatte man eine Sichtverbindung mit dem Fernrohr zu den jeweils nächsten Telegraphen in beide Richtungen der Linie. Jeder Telegraph war mit einem Mastbaum und sechs Flügeln ausgestattet, die in vier Positionen gebracht werden konnten – 0°, 45°, 90° und 135° – womit rechnerisch 4095 verschiedene Zeichen dargestellt werden können. Zwei Personen waren zur Bedienung nötig: Einer verstellte mittels Seilzügen die Flügel, der andere las mit Hilfe eines Fernrohrs die Zeichen der Sendestation. Übermittelt wurden chiffrierte Staatstelegramme. Eine Kommunikation war nur in eine Richtung und natürlich nur tagsüber möglich, die Sendegeschwindigkeit lag bei 1,5 Zeichen pro Minute, eine Depesche von 80 Wörtern etwa benötigte für die Strecke Berlin-Koblenz mehrere Stunden, was allerdings erheblich schneller war, als eine Übermittlung per Postreiter. Jährlich wurden Schätzungen zufolge 500 bis 700 Telegramme übermittelt.

Die Telegraphenlinie Berlin-Koblenz wurde ab 1832 eingerichtet und bis 1852 betrieben. Die 1849 eingerichtete elektrische Telegraphenlinie von Berlin nach Koblenz machte die Sichttelegraphie überflüssig.

Die Station vor der Renovierung

185

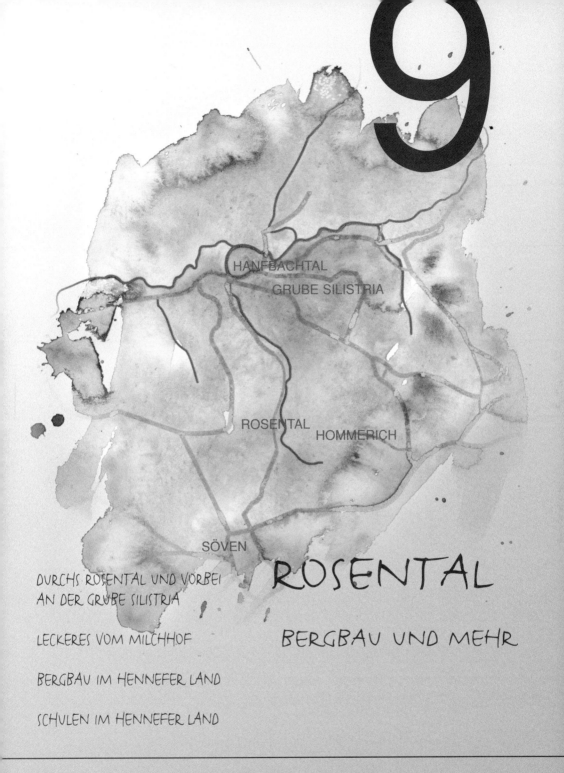

HANFBACHTAL
GRUBE SILISTRIA

ROSENTAL   HOMMERICH

SÖVEN

ROSENTAL

BERGBAU UND MEHR

Natur pur oder: „Fast wie in Irland". Das könnte das Motto der Tour durch das Rosental entlang des Rosentaler Baches sein. Die Tour ist einfach und schnell beschrieben und bietet sich immer dann an, wenn man einfach mal abschalten und das Gefühl bekommen möchte, ganz weit weg zu sein …

Wir starten in Lanzenbach eingangs der Straße Zum Rosental und folgen der zu Beginn asphaltierten und mit Wohnhäusern, einer Gastwirtschaft und einem Campingplatz bebauten Straße, die später in einen landwirtschaftlichen Weg übergeht. Wir bleiben die nächsten knapp zwei Kilometer auf diesem Weg, biegen allerdings nach rund 1500 Metern links ab. Beiderseits des Weges: sanft ansteigende Hügel, ein urwüchsig eingeschnittener Bachlauf, sattgrüne Wiesen, Baumgruppen und einzelne Bäume, wie gemalt, romantische Holzzäune, Weiden und Wiesen … kurz: Ruhe,

ROSENTAL
DURCHS ROSENTAL UND VORBEI AN DER GRUBE SILISTRIA

Idylle und landschaftliche Schönheit mit Seltenheitswert.

Sofern wir uns immer parallel zum Rosentaler Bach gehalten haben, erreichen wir die Straße nach Hommerich – ein Abstecher zum Milchhof Hommerich lohnt, vor allem, wenn man während des alle zwei Jahre stattfindenden Hoffestes hier vorbei kommt. Wir gehen diesmal nicht nach Hommerich, sondern in die entgegengesetzte Richtung und kommen auf die Oberpleiser Straße, an der wir links abbiegen und nach Westerhausen spazieren, das wir nach rund 1200 Metern erreichen. Im Ort fällt besonders die historische Schule auf, ein alter Backsteinbau, der von den Bürgerinnen und Bürgern Westerhausens erhalten und renoviert wurde und heute als eine Art Bürgerzentrum dient.

An der Kirche vorbei halten wir uns östlich, erreichen die K 36 und spazieren weiter nach Kurenbach. Am Ortseingang erreichen wir die Grubenstraße und passieren das Gelände der „Grube Silistria", eines 1891 stillgelegten und heute bewaldeten Bergwerkes, von dem allenfalls versteckte Überreste – wie Mauerreste, Stollenmundlöcher und Haldenreste – und ein verbliebenes Gebäude, nämlich das alte Steigerhaus in der Grubenstraße 44/46, zu entdecken sind. Die alte Halde wurde im Zuge des Baus der Kreisstrasse, die das ehemalige Grubengelände geradlinig durchquert, abgetragen. Links über die Straße Katzenhardt und den sich anschließenden, eine Schleife durch den Wald ziehenden Weg, gelangen wir auf den Grintener Weg, dem wir nach Norden bis zurück nach Lanzenbach folgen.

LECKERES VOM MILCHHOF

Glückliche Kälber, glückliche Konsumenten. So könnte man den Milchhof Hommerich umschreiben. Oder, in den Worten der Betreiber: „Gute Milch kommt nur von gesunden Kühen!" Dabei bietet der Lieferservice des Milchhofes (einen Hofladen gibt es nicht) nicht nur Milch, sondern auch fast alles, was man daraus machen kann, frisch hergestellt in der eigenen, 2002 eingerichteten Hofmolkerei: Frische Vollmilch, pasteurisiert, mit naturbelassenem Fett- und Eiweißgehalt, Joghurt, wahlweise naturbelassen oder in den Sorten Erdbeere, Kirsche, Waldfrucht, Vanille, Pfirsich-Maracuja sowie saisonal wechselnden Geschmacksrichtungen und Quark, natürlich gereift, naturbelassen oder als Früchtequark. Außerdem im Angebot: Rohmilchkäse vom Bauernhof Schmitz aus Much-Reinshagen, frische Eier vom Geflügelhof Wirtz-Telohe aus Niederkassel-Rheidt, Kartoffeln vom verwandten Familienbetrieb Weyen in Kaarst-Tönisfeld und Honig von der Imkerei Siegfried Lück, entweder naturbelassen oder als Blüten-, Sommertracht- oder Waldhonig.

Das Glück der Milchkühe liegt nicht nur in der natürlichen Umgebung, sondern auch an der natürlichen Haltung, derer sich der Milchbauer rühmt: Im Sommer grasen die Kühe auf den Wiesen rund um den Hof, der Freilaufstall bietet viel Bewegung, Licht und frische Luft, das Tränkewasser wird aus dem hofeigenem, amtlich überwachten Tiefbrunnen gefördert.

Postkarte um 1900

Gruss vom Hommericher Hof (Siegkreis).

Die gewonnene Milch wird sofort nach dem Melken an Ort und Stelle weiterverarbeitet und lediglich pasteurisiert, nicht wie die Konsummilch aus dem Supermarkt auch noch homogenisiert, separiert und standardisiert. Der Milchmann-Lieferservice bringt den Kunden die frischen Molkereiprodukte direkt an die Haustür, auch Skeptikern, die erst einmal probieren wollen: Die kostenlose Probelieferung beinhaltet einen Liter hoffrische Vollmilch und 500 Gramm Joghurt. (Milch-Telefon: 02242/14 78)

Und noch ein Tipp: Seit einiger Zeit findet alle zwei Jahre ein Hoffest statt, das man sich nicht entgehen lassen sollte. Hofführungen, Kletterstrohburg, Streichelzoo mit Kälbchen, Schafen, Ziegen, Ferkeln und Kaninchen, Ponyreiten, Basteltisch, Treckerrundfahrten, Bienenstand, Melkkuh Elsa, Buttern für Kinder, ein Blick in alle Ställe und diverse Stände mit Hofprodukten locken an zwei Tagen Tausende von Menschen nach Hommerich.

BERGBAU IM HENNEFER LAND

Bis vor knapp einhundert Jahren war das Gebiet in und um Hennef durchsetzt von Gruben und Bergwerken, die dem Abbau von Erz – Gestein mit hohem Metallanteil, dessen Abbau wirtschaftlich lohnend ist – gewidmet waren. Rund um Kurenbach und Westerhausen war die Landschaft durchlöchert wie ein Schweizer Käse. Mit am bekanntesten ist die Grube Silistria.

Die Aufnahme von 1880 zeigt die Betriebsanlage der Grube Silistria im Hanfbachtal

Gemeint ist hier einerseits die gleichnamige Grube zwischen Kurenbach und Westerhausen an der heutigen Kreisstraße 36, die wohl seit dem 18. Jahrhundert betrieben wurde, andererseits aber auch der Name „Silistria" für die durch die Stolberg Zink AG 1889 zusammengefassten Gruben Silistria, Uhland (westlich von Kurenbach), Caroline (östlich von Silistria), Helene III (südöstlich von Westerhausen), Blume (südlich von Westerhausen) und Ernst (westlich von Westerhausen). Abgebaut wurden in diesen Gruben Blei- und Zinkerz (Silistria, Caroline, Ernst) sowie Kupfererz (Uhland, Caroline, Helene III, Blume, Ernst). 1865 förderten 80 Bergmänner 528 Tonnen Zinkblende aus der Grube Silistria, 1884 bereits 2.267 Tonnen. Die Grube Silistria fand jährlich Erwähnung in der „Zeitschrift für das Berg-, Hütten- und Salinenwesen in dem preußischen Staate". 1891 waren alle Gruben, die unter dem Namen Silistria firmierten, erschöpft und wurden stillgelegt.

Eine weitere bedeutende Grube auf Hennefer Gelände war die Grube Altglück, deren Stollen- und Schachtanlagen sich allerdings zunächst auf Königswinterer und erst ab 1865 auf Hennefer Gelände zwischen Hanf und Wellesberg befanden, im Bereich der heutigen kleinsten Hennefer Ortslage Altglück. Anhand archäologischer Funde lässt sich belegen, dass hier bereits um 100 v. Chr. Tagebau betrieben wurde. So befinden sich im Wald zwischen Altglück und Bennerscheid eine Ringwallanlage und Reste einer Palisadenanlage, die wahrscheinlich als Handelsstation eines vorrömischen Erzaufkäufers diente. Funde römischer Münzen und Keramik lassen vermuten, dass sich hier später auch eine römische Station befand. Holzkohlereste wiederum deuten darauf hin, dass bereits in vorrömischer Zeit an Ort und Stelle Bleierze zu Blei verarbeitet wurden. Urkundlich erwähnt wurde der Bergbau an dieser Stelle allerdings erst im 12. Jahrhundert, als Kaiser Heinrich V. den Siegburger Benediktinern das Bergbaurecht für diesen Ort übertrug.

In der ersten Hälfte des 19. Jahrhunderts wurden in der Grube Altglück bis zu 600 Meter lange Stollen ins Erdreich getrieben – wobei man auch Reste mittelalterlichen Bergbaus fand – 1864 gar der Hauptstollen bis auf 1040 Meter. 1875, im Jahr der Stilllegung der Grube, arbeiteten dort 175 Menschen. Übrigens: Bis heute sind die Bergbaurechte nicht erloschen. Sie liegen beim Nachfolger des letzten Besitzers der Grube, der Firma „n.v. Umicore S.A.“, einem belgischen Chemie-Konzern mit Sitz in Brüssel, der 1989 die Schürfrechte von der Firma „Société de Mines et Fonderies de Zinc de la Vieille Montagne" erwarb, die wiederum die Grube 1853 (!) gekauft hatte.

Die ebenfalls im Besitz der Vieille Montagne befindliche Blei- und Kupfererzgrube „ Adler" im Schmelztal bei Bad Honnef (Lithographie von A. Maugendre, 1855)

Die Grube Altglück (Lithographie von A. Maugendre, 1855)

Halde der Grube Silistria

Über viele weitere Gruben im heutigen Hennef ließe sich berichten, es soll aber genügen, zur Dokumentation der Vielfalt diese lediglich zu erwähnen: Grube Gottessegen bei Dambroich, Grube Krautgarten unterhalb von Rott, Grubenfelder Grauwackenkönig und Siegfeld zwischen Sieg und Bröltal und Grube Ziethen bei Weingartsgasse. Kurz: Bergbau war bis zum Ende des 19. Jahrhunderts seit mindestens 2000 Jahren ein wichtiger, zeitweise bedeutender Wirtschaftszweig der Region (beileibe nicht nur Hennefs!) und beispielsweise auch der Grund für den Bau der Bröltalbahn.

Heute gibt es in unserer Region keinen Bergbau mehr, lediglich die Reste kann das geschulte Auge in Wald und Feld erkennen, Reste wie das Echo einer Epoche, deren Namen und Orte, Bäche und Gemarkungen, Wege und Gebäude so bekannt anmuten, und die gerade deswegen so irritierend fremd sind.

Siefen bei Hommerich

Schule in Hanfmühle, um 1900

SCHULEN IM HENNEFER LAND

Im Mittelalter waren die einzigen schulischen Angebote im Umfeld von Klöstern und Pfarreien zu finden. Gerade die Pfarrschulen ließen aber oft zu Wünschen übrig: Das Unterrichtsangebot war dürftig, die Schulwege waren zu weit und die Schulgeldpflicht war ein weiteres Hemmnis gerade für die ärmere ländliche Bevölkerung. Für den Bereich Hennef standen als Schulen nur die der Klöster Siegburg, Seligenthal und Bödingen zur Verfügung. Zeugnisse darüber gibt es nicht, aber man kann vermuten, dass die Minoriten aus Seligenthal, die von 1570 bis 1680 die Verwaltung der Pfarrei Hennef inne hatten, sich auch um die schulische Bildung der Hennefer kümmerten. Nach 1680 scheint kein schulisches

Angebot in Hennef mehr zu bestehen, mit dem 18. Jahrhundert sah man jedoch mehr und mehr Sinn in einem geordneten Schulwesen.

1734 wurde in Blankenberg auf der Ostseite des Kirchplatzes ein erstes Schulgebäude errichtet, das 1900 abgerissen wurde. Eine Übersicht aus dem Jahr 1791 listet alle Schulen im Bereich Hennef auf, der zufolge Hennef, Geistingen, Warth, Söven, Rott, Broichhausen, Seligenthal, Braschoß, Happerschoß, Wellesberg und Bödingen je eine katholische Grundschule hatten. Uckerath und Bülgenauel verfügten über gleich zwei katholische Schulen. Insgesamt sind 401 Schülerinnen und Schüler gemeldet. Aus den Aufzeichnungen des Hennefer Pastors Heinrich Josef Saur aus demselben Jahr wissen wir allerdings, dass bei weitem nicht alle Kinder zur Schule gingen. Er schlug vor, die Lehrer mögen eine Versäumnisliste führen.

200

Die alte Schule in Hennef an der Steinstraße

Andererseits bestand für viele Kinder keine Möglichkeit zum Schulbesuch, sei es, weil die Klassen zu klein waren oder die wenigen Lehrer überlastet. So beklagte der Verwalter des Amtes Blankenberg zwischen 1790 und 1809: „Die vorseyende Unwissenheit im Sittlichen und Religiösen ist fast nicht zu beschreiben und derohne kann das Wohl des Amtes nicht befördert werden. Werden die Eltern zur Schickung der Kinder angehalten, verweisen sie darauf, dass ihre Eltern und auch sie nicht zur Schule gegangen seien. Im Sommer könnten sie die Kinder wegen der Hausgeschäfte und des Viehweidens nicht entbehren."

Volksschule in Bröl, heute Richard Schirmann-Schule

Westerhausen, zwei klassige Volksschule, erbaut 1877. Grundschule seit der Schulreform in Nordrhein-Westfalen von 1968

Mit der Übernahme des Landes durch die Preußen wurde auch die Schulpflicht eingeführt. 1819 wurde an der Steinstraße in Hennef ein neues Schulgebäude mit zwei Klassenräumen und zwei Lehrerwohnungen errichtet, 1893 ein größeres nur wenige Meter entfernt. Auch in Blankenberg wurde die Schule mehrfach verlegt: 1867 in das Haus, in dem sich heute das Café Krey befindet, 1903 in ein neues Gebäude am Markt.

Heute verfügt Hennef über Schulen aller Formen, inklusive Berufsschule, Akademien, Musikschule und privater Kunstschule. Neben Troisdorf ist Hennef die einzige Stadt im rechtsrheinischen Kreisgebiet mit einer Gesamtschule. Die Hennefer allgemeinbildenden Schulen werden von rund 6.500 Schülerinnen und Schülern besucht. Mit rund 1.300 Schülerinnen und Schülern ist die Gesamtschule die größte Schule der Stadt.

Gesamtschule

Schule in Rott 1933

Blick auf Uckerath um 1930

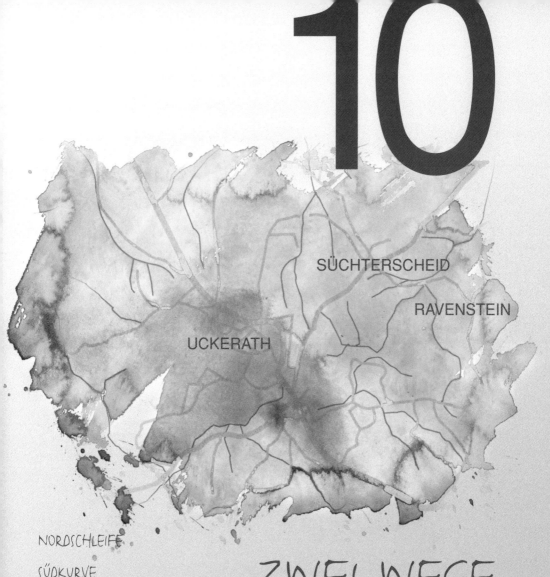

SÜCHTERSCHEID

RAVENSTEIN

UCKERATH

ZWEI WEGE
LINKS UND
RECHTS VON
UCKERATH

Blick auf Uckerath im Jahr 1920

Pfarrkirche Uckerath

ZWEI WEGE LINKS UND RECHTS VON UCKERATH

Rund um Uckerath gäbe es viele mögliche Routen, die man erwandern oder mit dem Fahrrad erkunden könnte. Zwei möchten wir vorstellen. Die eine erstreckt sich von Uckerath aus gen Norden, die andere gen Südwesten. Beide sind eher Fahrradtouren oder längere Wanderungen als Spaziergänge. Tour eins bietet eine Mischung aus interessanten Bauwerken und reizvoller Natur (Naturschutzgebiet), Tour zwei hingegen legt den Schwerpunkt ganz auf die Landschaft.

NORDSCHLEIFE

Für die erste Tour starten wir an der 1891 errichteten neuen Uckerather Kirche. Uckerath verfügte spätestens seit dem 12. Jahrhundert über eine Kirche, sehr wahrscheinlich schon früher. Die mittelalterliche Kirche wurde 1898 bis auf den romanischen Turm abgerissen, der bis zu seinem Einsturz am 5. Oktober 1968 auf dem Friedhof als Kapelle und Kriegergedächtnisstätte diente. Von hier aus gehen wir über den Johannesweg durch die Zollgasse zur Westerwaldstraße. Ungefähr an der Ecke Zollgasse und Westerwaldstraße befand sich einst die Uckerather Zollstation und die Grenze zwischen dem Herzogtum Berg, dem Amt Altenwied und der Grafschaft Sayn.

Wir gehen links über die Westerwaldstraße bis zur Einmündung der Straße Zum Siegtal, über die wir nach Süchterscheid kommen.

Wir folgen der Straße Zum Siegtal bis nach Süchterscheid und gehen damit entlang dem 1859 angelegten Kreuzweg mit vierzehn Stationen bis zum Wallfahrtsort Süchterscheid. In Süchterscheid biegen wir gegenüber der Wallfahrtskirche – am besten nach einem kurzen Besuch in der Kirche – in die Straße Zum Katharinentor ein, verlassen diese aber gleich wieder und gehen erneut links in die

Kriegsgefallenengräber nahe der Uckerather Kirche

Fachwerk in Uckerath

Das Sankt Gertrudenhaus in Uckerath war ein Krankenhaus, das von Franziskanermönchen geführt wurde. 1956 wurde es aufgegeben

Straße In der Dränk. Wir folgen der Straße und den sich anschließenden Wander- und Wirtschaftswegen im Naturschutzgebiet Ahrenbachtal vorbei an dichten Wäldern, Wiesen und Felder in weitem Bogen durch die Weiler Ahrenbach, Beiert, Lescheid und Unterbierth, bis wir nach rund dreieinhalb bis vier Kilometern wieder auf die Westerwaldstraße treffen.

Hier überqueren wir die Straße und kommen durch den Schmaler Weg und In der Wirdau erneut auf die Westerwaldstraße. Nach gut 400 Metern sehen wir auf der rechten Straßenseite einen alten Gutshof, in dem von 1893 bis 1956 das Uckerather Krankenhaus war. Ursprünglich war das Gebäude das Gutshaus der Familie Stockhausen. 1893 kam es als Geschenk Uckerather Bürger und der Katholischen Kirche an die Kirchengemeinde, die es zu einem Krankenhaus umbaute und die Verwaltung Franziskanermönchen übertrug.

Nach weiteren 200 Metern sind wir an der Einmündung zur Lichstraße und haben die Kirche als Ziel wieder vor Augen.

SÜDKURVE

Die zweite, vor allem landschaftlich reizvolle Tour startet ebenfalls an der Uckerather Kirche, führt uns jedoch in die entgegengesetzte Richtung, nämlich über die Lichstraße wenige Schritte bis zum Ortsausgang und dort rechts herum ins Picksfeld. Über kleinere Wege in Richtung Hüchel gelangen wir in die Straße Hollenbusch und weiter über den Hücheler Ring an Hüchel vorbei bis zu einer Weggabelung, der wir in Richtung Zumhof folgen. Nach 700 Metern, direkt hinter Zumhof, biegen wir rechts ab und

folgen dem Knick des Weges, bis wir auf die Straße Am Berghang kommen. In einer 180-Grad-Wende gehen wir direkt in den Parallelweg Richtung Derenbach und befinden uns nun mitten im reizvollen Derenbachtal. Durch Derenbach (nach rund 900 Metern) und Heckelsberg (500 Meter) wandern oder radeln wir weitere zwei Kilometer in einem großen Bogen zwischen Hüchel auf der rechten und Lichtenberg auf der linken Seite, bis wir wieder In der Wirdau sind. Dabei bewegen wir uns immer parallel zum Derenbach und sollten die Gelegenheit nutzen, immer mal wieder inne zu halten, um Natur und Landschaft zu genießen. Von der Wirdau aus folgen wir dem gleichen Weg zurück wie bei der ersten Tour.

Straße in Uckerath um 1920

Um 1930 gab es rund um die Pfarrkirche
Sankt Johann Baptist nur wenige Häuser

GEMEINDE UCKERATH

Wie Lauthausen und Hennef war auch Uckerath bis zur kommunalen Neuordnung 1969 eine eigenständige Gemeinde. Noch dazu eine Gemeinde mit langer Geschichte. 1131 wurde Uckerath erstmals urkundlich erwähnt. Damals bestätigte Papst Innozenz II. dem Cassiusstift in Bonn das Zehntrecht – also ein Zehntel der Einkünfte einziehen zu dürfen – unter anderem über die Kirche in Uckerath: „ecclesiam Okenrode cum tota decima", übersetzt „die Kirche Uckerath mit dem gesamten Zehnten". Der Name Uckerath tauchte seit dem Mittelalter in immer anderen Varianten auf, so als „Okerode" (1166), „Ocherode" (1181), „Oykerode" (1314), „Hueckeroide" (1398), „Oeckrot" (1543), „Uckeraidt" (1610) und schließlich ab 1745 „Uckerath". In allen Varianten, die angesichts fehlender verbindlicher orthographischer Regeln nur Versuche darstellten, Gesprochenes zu schreiben, gilt: der Namen setzt sich aus dem Personennamen „Ucco" und dem Grundwort „rath" in der Bedeutung Rodung zusammen und lässt sich also als "Rodung des Ucco" übersetzen.

Bereits im Mittelalter erlebte Uckerath einen empfindlichen Bedeutungsverlust. Umfassten Kirchspiel (Verwaltungseinheit) und Landgerichtsbezirk Uckerath zunächst auch Blankenberg, so änderte sich dies grundlegend, als Blankenberg 1245 Stadt wurde, aus dem Landgerichtsbezirk Uckerath heraus fiel und das Kirchspiel Uckerath umgekehrt Teil des Landes, später des Amtes Blankenberg wurde. Seit Mitte des 17. Jahrhunderts wurde mehr und mehr Uckerather Fläche dem Burgbann Blankenberg einverleibt. Immer wieder kam es zu heftigen politischen Auseinandersetzungen zwischen Kirchspiel und Stadt.

Erst mit der Besetzung des Landes durch die Franzosen änderten sich die Verhältnisse wieder grundlegend: Blankenberg verlor seine Stadtrechte, Uckerath wurde zunächst Mairie, später, ab 1815, Bürgermeisterei und sogar Kreisstadt des Kreises Uckerath, zu dem die Bürgermeistereien Eitorf, Hennef, Herchen, Lauthausen, Much, Neunkirchen, Ruppichteroth und Uckerath gehörten. 1820 allerdings war es mit dem Kreis Uckerath schon wieder vorbei: er wurde mit dem Kreis Siegburg zum „Vereinigten Kreis Siegburg-Uckerath" – ab 1825 „Siegkreis" – zusammengelegt.

1828 lebten im Bereich der Bürgermeisterei Uckerath 3.009 Menschen (3.000 Katholiken, 1 Protestant, 8 Juden).

Bürgermeisterei blieb Uckerath bis 1969. Vierzehn Bürgermeister regierten den kleinen Ort zwischen 1808 und 1969, unter anderem von 1946 bis 1955 Pantaleon Schmitz, nach dem heute der zentrale Platz Uckeraths benannt ist.

Postkarte um 1910

Frankfurter Haus
Peter Hartmann

Gruss aus Uckerath (Sieg).

211

Blick von Nümm bei Uckerath
auf das Siebengebirge um 1950

ALTE HANDELSWEGE
UND POSTROUTEN

Gemächlicher war das Leben früher, nicht unbedingt besser, aber der Gang der Dinge hatte Zeit. Oder ist das nur ein Gerücht? Die Post beispielsweise wurde von Fuß- oder meist Reiterboten transportiert. Und die waren schneller, als man heute glauben möchte. Wenn es ganz eilig sein sollte, waren sie kaum langsamer als heutige Postboten. Der Trick: Poststationen in einem Abstand voneinan-

der, der der Kondition von schnell laufenden Pferden entsprach. Dort konnte der Postbote weitere Post aufnehmen, das Pferd wechseln und zügig weiter reiten.

Hennef lag ab 1616 an der Post- und Handelsroute Köln-Frankfurt-Leipzig – daher der Name Frankfurter Straße, wie die Hennefer Hauptstraße noch heute heißt; die heutige Westerwaldstraße in Uckerath hieß bis zur kommunalen Neuordnung 1969, als die selbstständigen Gemeinden Uckerath und Hennef zur Gemeinde Hennef zusammengeschlossen wurden, ebenfalls Frankfurter Straße. Am 22. März 1622 schloss die Thurn und Taxissche Post einen Posthaltervertrag mit „Wernerus zu Henneft" – es ist das älteste Postdokument der Thurn und Taxisschen Postlinie im Rhein-Sieg-Kreis. Das erste Posthaus Hennefs, ein Fachwerkhaus mit Stallungen für die Postpferde, befand sich in der Siegfeldstraße 25, später bis 1755 in Warth. Das erste Warther Posthaus wurde bei der Belagerung von Bonn durch die Franzosen 1670 zerstört.

Postkarte um 1900

Im Jahr 1688 baute man das heutige Drei-giebelhaus, in dem bis 1755 die Posthalterei untergebracht war. Nach 1755 verlegte man die Station nach Uckerath.

1816 übernahm das Königlich Preußische Generalpostamt in Berlin das gesamte rheinische Postwesen, also auch die Station in Uckerath. Um diese Zeit wurde Uckerath pro Woche sieben Mal von Postreitern und vier Mal von der Postkutsche angesteuert. Im August 1822 erhielt Hennef ein königlich preußisches Postwärteramt, 1913 einen Post-neubau an der Frankfurter Straße, in dem bis heute die Post untergebracht ist. Erst kurz nach dem ersten Weltkrieg wurde die Post-kutschenverbindung zwischen den Poststa-tionen Hennef und Uckerath eingestellt.

Die Straße durch Uckerath war allerdings nicht nur ab der frühen Neuzeit als Post-route wichtig. Bereits seit der Römerzeit bestand die „Hochstraße" über den Wester-wald durch das heutige Uckerath und späte-stens seit dem Mittelalter ist sie nachweis-lich als Fernhandelsroute Köln-Leipzig von großer regionaler Bedeutung. Viele Jahr-hunderte war Uckerath neben Stadt Blan-kenberg die eigentlich bedeutsame Siedlung auf heutigem Hennefer Gebiet. Einer der drei Landzölle des Amtes Blankenberg be-fand sich seit ungefähr 1300 in Uckerath an der Frankfurter Straße, da sich dort die Zollgrenze zwischen dem Herzogtum Berg, dem Amt Altenwied und der Grafschaft Sayn befand. 1440 ist in einer Kellnereirechnung des Amtes Blankenberg als ein Posten „tolle zo ockaerode" aufgeführt. Noch 1803 ist die Uckerather Zollstelle im Verzeichnis bergischer Landzölle aufgeführt. Spätestens mit der Eingliederung des Rheinlandes in das Königreich Preußen 1815 wird die Zollstelle aufgelöst. Das Zollhaus befand sich in der Nähe der Ecke Westerwaldstra-ße/Zollgasse, heute befindet sich dort die Gaststätte „Landsknecht". Als Mitte des 19. Jahrhunderts die Straße durchs Siegtal

Kaiserliche Postbeamte, 1894

gebaut und die Deutz-Gießener-Eisenbahn angelegt wurde, verlor Uckerath an Bedeu-tung, was in der zweiten Hälfte des 19. Jahr-hunderts einherging mit einer starken Aus-wanderungswelle nach Nordamerika.

Die Fernhandelsroute sicherte Uckerath dennoch jahrhundertelang ein blühendes Wirt-schaftsleben. Erinnert sei an die bis etwa 1915 existente Zigarrenfabrik Foveaux, aber auch an die vielen Gasthäuser, die nicht nur der Bevölkerung, sondern wohl vor allem den Durchreisenden gedient haben. Und auch in unseren Tagen ist die Bedeutung der Straße nicht zu unterschätzen. Eine Belastung mit rund 14.000 Autos und Lastwagen täglich lässt die Jahre alte Diskussion um eine Orts-umgehung nicht verstummen.

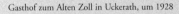
Gasthof zum Alten Zoll in Uckerath, um 1928

KREUZWEGE NACH SÜCHTERSCHEID

Die mächtige Kirche inmitten des Ortes Süchterscheid mutet mit ihrer Bruchsteinmauer und dem an einen Wehrturm erinnernden Glockenturm auf den ersten Blick eher wie eine Burg an, denn wie ein Gotteshaus. Nach Südosten allerdings öffnet sich das scheinbar so geschlossene Gebäude und umschließt die Reste der alten Wallfahrtskapelle „Zum Heiligen Kreuz", die aus dem 12. Jahrhundert stammt. Ähnlich wie in Bödingen geht auch hier die Gründung auf eine Legende zurück: Eine Frau aus Süchterscheid habe, so berichtet die Sage, zwei Kinder geboren, deren Hände alles, was sie anfassten, in ein Kreuz verwandelten. Bei aller Religiosität erkannte die Mutter durchaus die unpraktischen Seiten einer solchen Gabe und errichtete mitten im Dorf ein Kreuz und ließ dazu ein Heiligenhäuschen bauen, in dem sie Gott bat, er möge ihre Kinder von dieser Wunderkraft erlösen. In dem Moment, da ihre Gebete erhört wurden,

erschienen über dem Heiligenhäuschen vier Kerzen mit jeweils einem Kreuzzeichen in der Flamme. Rasch kam die Bevölkerung zusammen, binnen kurzem war eine Kapelle erbaut und es kam, wie es kommen musste: Kranke, die hier beteten, wurden geheilt, Sorgenvolle verloren ihre Sorgen, Beladene erfuhren Erleichterung. Es dauerte nicht lange und aus dem ganzen Land strömten Menschen herbei, die immer weiterer Wunder teilhaftig wurden.

1506 stiftete Bertram von Nesselrode das ewige Benefizium „Zum Heiligen Kreuz" und stattete es mit Ländereien und Hof reichlich aus. Weitere Stiftungen folgten, so dass die Finanzierung der Priesterstelle gesichert war. Während des 30jährigen Krieges wurde die Kapelle schwer beschädigt, von der Bevölkerung jedoch wieder aufgebaut. Im Zweiten Weltkrieg wurde die Kapelle erneut so schwer zerstört, dass auf Dauer ein Neubau erforderlich war. Dieser wurde in Form der burgähnlichen Kirche 1956/57 errichtet. Die alte Kapelle wurde als selbstständiger Bauteil im Untergeschoss des Turmes mit einbezogen. Ein sehenswertes architektonisches Ensemble.

1860 wurde ein Kreuzweg von Uckerath nach Süchterscheid angelegt. Die letzte der 14 Stationen – Grablegung Christi – befindet sich im Chor der kleinen Kapelle von 1681, die man im Vorhof der Heiligkreuzkapelle findet. (Sie wird nach ihrem Erbauer, dem damaligen Pastor von Blankenberg, Johannes Bärenklau, auch Blankenberger Kapelle genannt.) Der Kreuzweg ist nicht nur für Wallfahrer eine lohnende Strecke, sondern sei auch Wanderern und Radfahrern wärmstens empfohlen. Insbesondere in den frühen Morgenstunden im Sommer, wenn die Sonne die am linken Fahrbahnrand stehenden und blendend sauber restaurierten Stationshäuschen in ein warmes gelbes Licht taucht, sollte man hier einmal spazieren gehen.

Ein zweiter Wallfahrtsweg verläuft an der Straße von Stadt Blankenberg nach Süchterscheid und ist durch sieben Fußfälle markiert. Er entstand bereits 1683 und stellt einen verkürzten Kreuzweg dar. Früher war es üblich, dass an den Stationen im Todesfall die sieben Fußfälle gebetet wurden. Das heißt: Sieben Frauen gingen bis zur Wallfahrtskapelle an den Stationen entlang und beteten den Rosenkranz. Das letzte Gebet „Sieben Schmerzen Mariens" sangen die Frauen in der kleinen, der Mutter Gottes geweihten Kapelle vor der Pieta, der Darstellung der trauernden Maria.

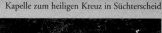
Kapelle zum heiligen Kreuz in Süchterscheid

RITTERSITZ „MOTTE" RAVENSTEIN

Junker Möcher muss ein toller Kerl gewesen sein, wenn es ihn denn jemals gegeben hat. Der Legende zufolge lebte er irgendwann im 16. oder 17. Jahrhundert auf Haus Ravenstein und stand mit dem Teufel im Bund. Dieser schien Junker Möcher vor allem die Fähigkeit, fliegen zu können, verliehen zu haben. Ob aus Schabernack oder Ungeschicklichkeit steht dahin, jedenfalls habe er, so die Sage, bei einem seiner luftigen Ausflüge Kreuz und Wetterhahn vom Geistinger Kirchturm geschlagen und den Zorn des Pfarrers auf sich gezogen. Eine andere Version dieser Geschichte ist nicht minder absurd: kein Flugunfall, sondern eine extreme Wetterlage sei Schuld an dem Malheur auf der Turmspitze. Diese habe Junker Möcher nämlich anlässlich einer Schlittenfahrt rasiert. Der Schnee habe so hoch gelegen, dass nur die Kirchturmspitze heraus ragte, mit der der Junker prompt kollidierte. Bis heute, so erzählt man sich, spuke Junker Möcher rund um die Ruine Ravenstein und die dortige alte Mühle. Der einzige wahre Kern an diesen Sagen: Vom Ende des 15. bis zum Beginn des 16. Jahrhunderts hießen die Besitzer des Rittersitzes Ravenstein „von Auel", genannt „Meuchen".

Der Rittersitz ist freilich älter. Die früheste urkundliche Erwähnung datiert auf das Jahr 1450 und findet sich im Bödinger Memorienbuch: „Philippus Roys armiger et Heylwigis uxor eius de Ravensteyn" (Der Knappe Philipp Roys und seine Frau Heylwigis von Ravenstein). Die weitere Vorgeschichte des Rittersitzes liegt im Dunkeln.

Ravenstein war eine kleine, befestigte Wohnanlage, wie sie in der hohen Zeit des Rittertums zwischen dem 12. und dem 14. Jahrhundert zwischen Irland und Ungarn, Frankreich und Polen vielfach entstanden sind: Auf einem aufgeschütteten Hügel stand ein kleines Burghaus – rund zehn mal zehn Meter Grundfläche und drei bis vier Stockwerke hoch –, auf einem zweiten Hügel daneben häufig eine Vorburg mit Wirtschaftsgebäuden. Beide Hügel waren von einem Wall und einem Wassergraben umgeben. Im feudalen System gab es vielfältige Abhängigkeitsbeziehungen zwischen den einzelnen Ständen (Lehnswesen). Ebenso wie der niedere Adel im Ritterdienst eines höheren stand, von dem er unter Umständen Ländereien als Lohn bekam, gab dieser „arme Ritter" gegen Abgabe eines Teils der

Erträge einzelne Areale seiner nicht allzu großen Ländereien an Bauern, die damit abhängig von ihm waren. Einen anderen Teil musste der Ritter selbst bewirtschaften.

Solche Burghausanlagen nennt man fachsprachlich „Motte". Der Rittersitz Ravenstein war eine solche „Motte". Adliges Privileg des Besitzers: In der Zeit der bergischen Herrschaft war damit ein Sitz im Düsseldorfer Landtag verbunden.

Im 18. Jahrhundert verfiel der Rittersitz nach häufigen Besitzwechseln, heute findet man nur noch spärliche Überreste der verschwundenen Burg. Gut erhalten ist hingegen die Mühle, wobei die Ursprünge auch hier im Dunkeln liegen. Die erste urkundliche Erwähnung der „zu Ravenstein gelegenen frey mahlmühl" stammt aus dem Jahr 1729. Die Bauern der umliegenden Dörfer konnten hier, sofern sie nicht einer Zwangsmühle verpflichtet waren, ihr Getreide malen. Landesherrliche Zwangsmühlen befanden sich zum Beispiel in Stein und Burg Blankenberg. Die Ravensteiner Mühle ist seit 1967 nicht mehr in Betrieb. Aber wenn der Geist von Junker Möcher nächtens durch Ravenstein spukt, soll er das alte Mühlrad in Bewegung setzen. Na ja, wer weiß …

Der Autor hat auf folgende Quellen zurückgegriffen:

- Allgemeine Deutsche Biographie, 1875-1912, Band 10, Seite 416-418.
- Claudia Maria Arndt (Hrsg.): Von Wasserkunst und Pingen. Erzbergbau im Rhein-Sieg-Kreis und seiner Umgebung. Band 25 der Veröffentlichungen des Geschichts- und Altertumsvereins für Siegburg und den Rhein-Sieg-Kreis e.V. Siegburg 2005.
- Werner Beutler und Helmut Fischer: Hennef-Bödingen. Band 119 der Reihe Rheinische Kunststätten. 3., neu bearbeitete Auflage, Köln 1990.
- Klaus Bühne: Die Geschichte der Post im Raume Hennef. Ein Streifzug durch die lokale Postgeschichte mit Belegen der Sammlung Johannes Görgens. Hennef 2003.
- P. Gabriel Busch (Hrsg.): Kapellenkranz um den Michaelsberg. 113 Kapellen im alten Dekanat Siegburg. Siegburg 1985.
- Erinnerungsschrift zum 100-jährigen Bestehen des Männer-Gesang-Vereins „Eintracht Allner" 1878-1978.
- Helmut Fischer: Stadt Blankenberg. Band 98 der Reihe Rheinische Kunststätten. 6., völlig neu bearbeitete Auflage, Köln 1986.
- Helmut Fischer: Allner. Eine Ortsgeschichte. Hrsg. vom Heimat- und Verschönerungsverein Allner e.V. Hennef, 1988.
- Helmut Fischer und Johannes Bucholz: Uckerath1131-1981. Beiträge zu Geschichte und Leben von Kirche und Kirchspiel. Uckerath 1981.
- August Horn: Das Siegthal von der Mündung des Flusses bis zur Quelle in seinen historischen und socialen Beziehungen. Zugleich als Führer für Siegreisende. Bonn 1854.
- Robert Link: Die Entwicklung des Hennefer Schulwesens bis zum Begin des 20. Jahrhunderts. In: Beiträge zur Geschichte der Gemeinde Hennef-Sieg, Band 3, Seite 33-40.
- Robert Link: Die Hennefer Steinstraße und eine vergessene Siegbrücke. In: Beiträge zur Geschichte der Gemeinde Hennef-Sieg, Band 3, Seite 26-32.
- Hans Luhmer: Hennef – auf den Spuren der Entwicklung einer jungen Stadt. Ein Beitrag aus Anlass der Wiederkehr des 25. Jahrestages der Bildung der Großgemeinde Hennef am 1. August 1994. Hennef, 1994.
- Josef Müller: Die Mairie Lauthausen. Selbstverlag, Hennef-Bröl 1974.
- H. Neumann und H.J. Roggendorf: Zur Geschichte der Pfarre Happerschoß. Herausgegeben von der Katholischen Kirchengemeinde St. Remigius in Happerschoß. Happerschoß 1966.
- Das neue Rathaus. Broschüre aus Anlass der Eröffnung des Rathausneubaues. Hennef 1999.
- Gisela Rupprath (Hrsg.): Die jüdische Gemeinde Hennef-Geistingen. Hennef 1999.
- Gisela Rupprath & Dominique Müller-Grote: Zeittafel der Hennefer Geschichte. Von der Vor- und Frühzeit bis heute. Hennef 2006.
- Josef Schmitz: Kloster Geistingen der Redemptoristen, Hennef 2003.

Quellen sind nicht im Einzelnen nachgewiesen. Dieses Buch erhebt nicht den Anspruch der Wissenschaftlichkeit oder gar der Vollständigkeit, sondern will vielmehr eine unterhaltsame Lektüre bieten und Anregung sein, Hennef zu erkunden. Analog zur Musik gesprochen, ist es ein U-Text. Der Dank des Autors geht dennoch an all diejenigen, die sich den E-Texten und damit den unverzichtbaren wissenschaftlichen Untersuchungen zum Thema Hennef widmen. Ohne sie wäre es nicht möglich, ein solches Buch zu erarbeiten, denn um auf Weniges zu vereinfachen, benötigt man die, die das große Ganze und alle Details darin im Blick haben.

Bildnachweis:
Die neuen Fotografien wurden im Sommer 2006 von Martina Schiefen, Dominique Müller-Grote und Reinhard Zado aufgenommen. Die historischen Fotografien, Postkarten und Grafiken stammen aus dem Stadtarchiv Hennef und aus dem Archiv Blattwelt, Reinhard Zado. Die Lithografien auf den Seiten 197/198 befinden sich im Archiv des Rhein-Sieg-Kreises.

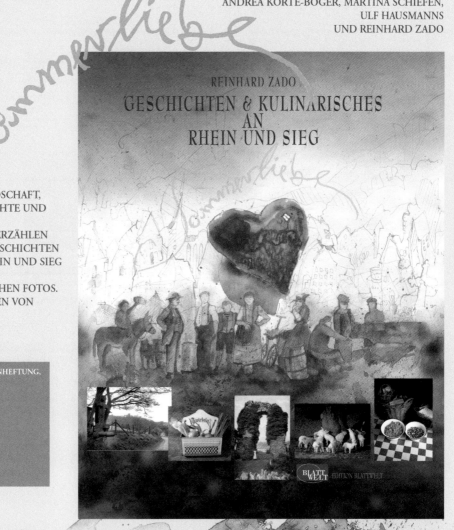

50 Jahre WTV,
Wahnbachtalsperrenverband

ISBN:
3-936256-03-9
Preis:
25,00 €

Tafelfreudens
Budenzauber
Saisonaler Spaziergan...
über den Jahrmarkt
der Köstlichkeiten

ISBN:
3-9806896-1-1
Preis:
26,00 €

Neuausgabe
Stadt Land Fluss
Kulinarischer Wegbegleiter
durch den Naturpark
Rhein-Westerwald

ISBN:
3-936256-15-2
Preis:
16,00 €

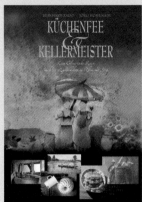

Küchenfee & Kellerme...
Eine Kulinarische Rei...
durch die Landschafte...
an Rhein und Sieg

ISBN:
3-936256-04-7
Preis:
26,00 €

Kulturlandschaft
Siebengebirge

ISBN:
3-936256-14-4
Preis:
7,00 €

JAHRBUCH
des Rhein-Sieg-Kreises

2007

BURGEN UND
SCHLÖSSER

ISBN:
3-936256-24-1

Preis:
12,00 €

Kreuz und Quer
durch Siegburg
Neunmal zu Fuß
oder
mit dem Fahrrad
die Stadt entdecken

ISBN:
3-936256-17-9
Preis: 16,00 €